事故・ケガで我が子を死なせないために

子どもを全力で守る本

はじめに

「知《し》っていれば防《ふせ》げる事故《じこ》がある」。私《わたし》たちはいつもそう思《おも》っています。

私《わたし》の夫《おっと》は、自宅《じたく》の近《ちか》くの川《かわ》で、小中学生《しょうちゅうがくせい》が溺《おぼ》れているところを目撃《もくげき》し、助《たす》けに入《はい》ったところ、深《ふか》みにはまって亡《な》くなってしまいました。溺《おぼ》れていた中学生《ちゅうがくせい》も亡《な》くなりました。

住宅街《じゅうたくがい》を流《なが》れる市民《しみん》の憩《いこ》いの場《ば》となっている河川敷《かせんじき》で起《お》こった出来事《できごと》に、私《わたし》だけではなく多《おお》くの方《かた》が「この川《かわ》がそんなに深《ふか》いと思《おも》わなかった」と驚《おどろ》きました。もしあの時《とき》、川《かわ》には地《ち》上《じょう》からは見《み》えない深《ふか》みがあることが分《わ》かっていたら、子《こ》どもたちも遊《あそ》ばなかったかもしれない。川《かわ》に入《はい》る前《まえ》に誰《だれ》かが止《と》めてくれたかもしれない…色々考《いろいろかんが》えても、亡《な》くなった命《いのち》は帰《かえ》ってきません。

その事故《じこ》をきっかけに、ふと周《まわ》りを見渡《みわた》せば、私《わたし》たちの周《まわ》りには防《ふせ》げる事故《じこ》が数多《かずおお》くあることに気《き》づきました。特《とく》に子《こ》どもが関《かか》わる事故《じこ》は、大人《おとな》が正《ただ》しい知識《ちしき》を持《も》って子《こ》どもを守《まも》ったり、声掛《こえか》けをすれば予防《よぼう》できるものが多《おお》いのです。

どんな事故《じこ》が起《お》きているのか、どうやれば防《ふせ》げるのか。そうしたことを知《し》っていただくために、2020年《ねん》、パパママはもちろん、時《とき》には親子《おやこ》で、お孫《まご》さんと一緒《いっしょ》に、老若男女《ろうにゃくなんにょ》が「読《よ》みたくなる」子《こ》どもの事故予防《じこよぼう》の本《ほん》を作《つく》りたい！とクラウドファンディング（CF）に挑《ちょう》戦《せん》しました。CF後《ご》も多《おお》くの方々《かたがた》から応援《おうえん》いただき、この本《ほん》は完成《かんせい》しました。途中《とちゅう》、コロナ禍《か》、内容《ないよう》に関《かか》わる部分《ぶぶん》の法改正《ほうかいせい》、本学初《ほんがくはつ》のご寄附《きふ》による出版《しゅっぱん》であることなどから様々《さまざま》なハードルがあり、完成《かんせい》まで4年《ねん》もかかってしまいました。大変《たいへん》お待《ま》たせして申《もう》し訳《わけ》ありませんでした。

本書《ほんしょ》に登場《とうじょう》するクマダファミリーとクマちゃんと一緒《いっしょ》に、子《こ》どもの事故予防《じこよぼう》について楽《たの》しく知《し》っていただければ幸《さいわ》いです。

大阪大学大学院《おおさかだいがくだいがくいん》 人間科学研究科附属《にんげんかがくけんきゅうかふぞく》
未来共創《みらいきょうそう》センター 子《こ》どもの安全《あんぜん》ラボ　岡《おか》 真裕美《まゆみ》

登《とう》場《じょう》人《じん》物《ぶつ》紹《しょう》介《かい》

クマダ カケル（7歳《さい》）

サッカーと昆虫《こんちゅう》が好《す》きな小学《しょうがく》1年生《ねんせい》。「右足《みぎあし》が沈《しず》む前《まえ》に左《ひだり》足《あし》を出《だ》していけば水面《すいめん》を走《はし》れる」と思《おも》っている程度《ていど》にやんちゃなためか、日常《にちじょう》にひそむ危険《きけん》にたびたびおそわれる。クマちゃんをこよなく愛《あい》し、学校以外《がっこういがい》では常《つね》に行動《こうどう》を共《とも》にする。

クマちゃん

危険回避《きけんかいひ》からサバイバル術《じゅつ》まで熟知《じゅくち》した、ぬいぐるみ界《かい》の異端児《いたんじ》。やんちゃなカケルを守《まも》るためにケガがたえず、しょっちゅうボロボロになっている。自己《じこ》メンテが手抜《てぬ》きになりがちなのが悩《なや》み。

クマダ ハヤル（ママ）

アパレル勤務《きんむ》でママ友多《ともおお》め。基本的《きほんてき》にはしっかり者《もの》だが、抜《ぬ》けている時《とき》もままある。流《は》行《や》り物《もの》に敏感《びんかん》で、気《き》まぐれに家族《かぞく》を巻《ま》き込《こ》みがち。

クマダ ツトム（パパ）

飲食《いんしょく》チェーン勤務《きんむ》。仕事《しごと》では気配《きくば》りできるが、家《いえ》に帰《かえ》ると気《き》が抜《ぬ》けるタイプ。仕事柄《しごとがら》、休日《きゅうじつ》にも来《く》る店《みせ》からの連絡《れんらく》とゲームでスマホを手放《てばな》せない。

クマダ ミチル（13歳《さい》）

ダンス・ファッション・メイク大好《だいす》きな中学《ちゅうがく》1年生《ねんせい》。しっかりしていて親《おや》も目《め》を離《はな》しがち。照《て》れ臭《くさ》いので普段《ふだん》は隠《かく》しているけれど、実《じつ》は弟思《おとうとおも》い。

もくじ

子《こ》どもの特性《とくせい》

第《だい》1章《しょう》　屋外《おくがい》の危険《きけん》

子《こ》どもは「今《いま》」が全《すべ》て。「自分《じぶん》」が中心《ちゅうしん》。

今《いま》が全《すべ》て

子《こ》どもの特性《とくせい》のひとつに「衝動的《しょうどうてき》にすぐ行動《こうどう》してしまう」があります。

衝動性《しょうどうせい》の高《たか》い子《こ》どもはリスクテイキング（自分《じぶん》の意志《いし》でリスクをとること）しやすく、ケガも多《おお》いといわれています。「今《いま》すぐやらないと気《き》が済《す》まない」「新《あたら》しいもの、快感《かいかん》を味《あじ》わえることばかりやろうとする」「長《なが》い時間《じかん》がかかる課題《かだい》はすぐ諦《あきら》めようとする」といった衝動性《しょうどうせい》を抑《おさ》えることは子《こ》どもには難《むずか》しいのです。

また、「あとであげるから」と約束《やくそく》しているのに、ほしいものが目《め》に入《はい》ると今《いま》ちょうだいと駄々《だだ》をこねる子《こ》どもはいませんか？

人《ひと》には、報酬《ほうしゅう》がもらえるまで時間《じかん》がかかると、報酬《ほうしゅう》の価値《かち》を低《ひく》く感《かん》じる（時間割引《じかんわりびき》）心理《しんり》があります。「10年後《ねんご》に100万円《まんえん》もらうより、今《いま》すぐ80万円《まんえん》もらいたい」という心理《しんり》です。時間割引率《じかんわりびきりつ》は子《こ》どもの方《ほう》が大《おお》きく、大人《おとな》よりも

「今《いま》ほしい！」気持《きも》ちが強《つよ》いので、我慢《がまん》ができません。

自分《じぶん》が中心《ちゅうしん》

子《こ》どもは、自分《じぶん》と他人《たにん》との区別《くべつ》が付《つ》いていません。かくれんぼで、「もういいよ」と言《い》うので探《さが》しに行《い》くと、自分《じぶん》の顔《かお》を手《て》で覆《おお》ったり頭《あたま》だけ隠《かく》して隠《かく》れたつもりの子《こ》どもがいますよね。自分《じぶん》が見《み》えていないので鬼《おに》からも見《み》えてないと思《おも》っているのです。

同《おな》じように、自分《じぶん》が分《わ》かっていることは他《ほか》の人《ひと》も分《わ》かっていると思《おも》っています。このように、自分以外《じぶんいがい》の視点《してん》が分《わ》からないので、他《ほか》の人《ひと》も自分《じぶん》と同《おな》じように世界《せかい》を認識《にんしき》していると思《おも》っています。これは7歳頃《さいごろ》まで続《つづ》くとされています。

この特性《とくせい》のため、「自分《じぶん》からは見《み》えないけど車《くるま》が来《く》るかもしれない」「車《くるま》から自分《じぶん》が見《み》えていないかもしれない」と危険《きけん》を予測《よそく》できず、事故《じこ》になりかねないのです。

子《こ》どもは視《し》野《や》が狭《せま》い。

大人《おとな》に見《み》えているものが子《こ》どもには見《み》えていない？

子《こ》どもの視野《しや》は大人《おとな》の60～70％しかないと言《い》われており、大人並《おとなな》みの視力《しりょく》や視覚機能《しかくきのう》を得《え》るのは、3歳《さい》～6歳《さい》ごろと言《い》われています。

つまり、小学生以下《しょうがくせいいか》の子《こ》どもは、「見《み》る」ことそのものがまだまだ未熟《みじゅく》です。また、大人《おとな》は歩《ほ》行《こう》中《ちゅう》、前方《ぜんぽう》や奥行《おくゆき》、周辺《しゅうへん》の物《もの》などもまんべんなく見《み》ているのに対《たい》して、子《こ》どもは、小学生《しょうがくせい》でも下《した》を向《む》いて歩《ある》いたり、後《うし》ろ向《む》きで歩《ある》いたりと、前《まえ》をしっかり見《み》て歩《ある》いていません。視野《しや》、視力《しりょく》、行《こう》動《どう》の点《てん》から、子《こ》どもは左右《さゆう》の車両《しゃりょう》や人《ひと》、障害物《しょうがいぶつ》に気付《きづ》かず、ぶつかりやすいのです。

「よく見《み》て！」…子《こ》どもなりに見《み》てるんです！

交通場面《こうつうばめん》の他《ほか》にも、友達《ともだち》とぶつかったり、滑《すべ》り台《だい》を滑《すべ》る際《さい》に、上《うえ》にある鉄《てつ》の部分《ぶぶん》に頭《あたま》をぶつけたり…。「ほら、よく見《み》て！」「ちゃんと確認《かくにん》しなさい」大人《おとな》はついつい言《い》ってしまいますが、子《こ》どもは子《こ》どもなりに「見《み》て」いるんです。

4歳《さい》から6歳《さい》ごろの子《こ》どもの視野《しや》が体験《たいけん》できる「チャイルドビジョン※」というクラフトがあります。これを装着《そうちゃく》して見《み》ると、子《こ》どもには非常《ひじょう》に狭《せま》い範囲《はんい》しか見《み》えていないことがわかります。

「うちの子《こ》、全然周《ぜんぜんまわ》りを見《み》てなくて怖《こわ》い！」という声《こえ》をよく聞《き》きますが、「大人《おとな》のように見《み》えていない」「周囲《しゅうい》に気付《きづ》きにくいのは子《こ》どもの特性《とくせい》」であり、決《けっ》してパパやママの言《い》うことを無視《むし》しているわけではありません。

では、「大人《おとな》のように見《み》る」ためにはどうしたらよいか。52〜55ページで説明《せつめい》します。

チャイルドビジョン

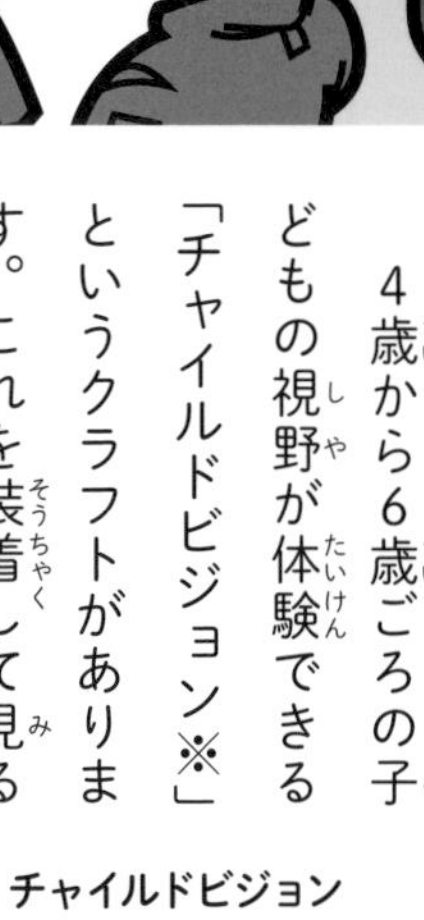

※チャイルドビジョンは東京都福祉局《とうきょうとふくしきょく》WEBサイトなどから型紙《かたがみ》を無料《むりょう》でダウンロードできます。「チャイルドビジョン　型紙《かたがみ》」で検索《けんさく》してください。

子《こ》どもは想定外《そうていがい》の遊《あそ》びの天才《てんさい》。

「危《あぶ》ない」が分《わ》からない

私《わたし》たち大人《おとな》は、経験《けいけん》の積《つ》み重《かさ》ねから危険《きけん》を予測《よそく》し、ケガや事故《じこ》にあわないように行動《こうどう》しています。また、報道《ほうどう》される事件《じけん》や事故《じこ》を見《み》て、自分《じぶん》も気《き》を付《つ》けようと想像《そうぞう》することもできます。

しかし、子《こ》どもは「ヒト」としての生活《せいかつ》がスタートしたばかり。物《もの》があれば触《ふ》れ、口《くち》に入《い》れ、高《たか》いところには登《のぼ》り、落《お》ち、転《ころ》び、ぶつかる…全《すべ》てが人生初《じんせいはつ》！ 今《いま》、目《め》の前《まえ》にあるものを自分《じぶん》の体《からだ》を使《つか》って学《まな》び、危《あぶ》ない、怖《こわ》い、痛《いた》い、といったことを理解《りかい》していくので、大人《おとな》が「危《あぶ》ないよ」と言《い》っても、経験《けいけん》していない「アブナイ」が分《わ》かりません。まさに「怖《こわ》いものなし」です。

想定外《そうていがい》の遊《あそ》びの天才《てんさい》

例《たと》えば、私《わたし》たちは遊具《ゆうぐ》の使《つか》い方《かた》を知《し》っています。火《ひ》は熱《あつ》いこと、洗濯機《せんたくき》に入《はい》ってはいけないことや、駐車場《ちゅうしゃじょう》が危《あぶ》ないことも知《し》っています。そんなこと常識《じょうしき》ですよね。

しかし、子《こ》どもは社会《しゃかい》のルールを理解《りかい》し、常識《じょうしき》を学《まな》んでいる最中《さなか》です。大人《おとな》が「なんでそんなことも分《わ》からないの!?」と思《おも》うようなことも、経験《けいけん》したり、教《おそ》わっていなければ分《わ》からないのです。

子《こ》どもの発達《はったつ》では、「順番《じゅんばん》を守《まも》る」「交代《こうたい》で使《つか》う」といった、大人《おとな》には簡単《かんたん》なルールでさえ、理解《りかい》するのは（個人差《こじんさ》はありますが）4、5歳《さい》ごろ。

大人《おとな》の「常識《じょうしき》」は子《こ》どもには通《つう》じない。子《こ》どもは何《なん》でもトライし、遊《あそ》びに変《か》える「想定外《そうていがい》の遊《あそ》びの天才《てんさい》」です。

「想定外《そうていがい》」をなくす

子《こ》どもの破天荒《はてんこう》な遊《あそ》びには感心《かんしん》させられます。子《こ》どもの創造力《そうぞうりょく》は伸《の》ばしたいですが、死《し》に至《いた》るような重篤《じゅうとく》な事故《じこ》は防《ふせ》がなければなりません。子《こ》どもの想定外《そうていがい》の行動《こうどう》が事故《じこ》につながる可能性《かのうせい》があるのなら、「想定外《そうていがい》」を極力《きょくりょく》なくす、「知《し》る」ことで事故《じこ》を防《ふせ》ぐことができます。

子《こ》どもは学《まな》んだことの応用《おうよう》が苦手《にがて》。

「臨機応変《りんきおうへん》」が苦手《にがて》

身《み》の回《まわ》りの危険《きけん》を教《おし》えて安心《あんしん》してはいけません。子《こ》どもは、学《まな》んだことを応用《おうよう》して生活《せいかつ》に生《い》かすことが苦手《にがて》です。例《たと》えば、「信号《しんごう》のない横断歩道《おうだんほどう》を渡《わた》る時《とき》は、車《くるま》が来《こ》ないことを確認《かくにん》して渡《わた》る」と教《おし》えても、子《こ》どもは「いつも通《とお》っている〝この〟横断歩道《おうだんほどう》」でそれができても、知《し》らない場所《ばしょ》の横断歩道《おうだんほどう》では、信号《しんごう》がないことに気付《きづ》かなかったり、いつもと同《おな》じような安全確認《あんぜんかくにん》ができません。

反対《はんたい》に、「横断歩道《おうだんほどう》を渡《わた》る」というルールを理解《りかい》している子《こ》どもに、パパやママが「近道《ちかみち》だから行《い》っちゃおう」と、横断歩道《おうだんほどう》ではないところを横断《おうだん》してしまうと、これまで学《まな》んだことと全《まった》く違《ちが》う言動《げんどう》に混乱《こんらん》します。「パパ（ママ）が〇〇していたから自分《じぶん》も〇〇していい」と、マネをして横《おう》断歩道《だんほどう》を使《つか》わず道《みち》を渡《わた》ったり、柵《さく》を越《こ》えて水辺《みずべ》に行《い》き事故《じこ》になった事例《じれい》もあります。

大人《おとな》は、もう判断《はんだん》できるだろうと「臨機応変《りんきおうへん》に動《うご》きなさ

い」と言《い》うことがあるかもしれませんが、小学校低学年《しょうがっこうていがくねん》ごろまでの子《こ》どもに、臨機応変《りんきおうへん》な行動《こうどう》は難《むずか》しいと思《おも》っておきましょう。

安全行動《あんぜんこうどう》は「型《かた》」の「習慣化《しゅうかんか》」

小学校低学年《しょうがっこうていがくねん》ごろまでの子《こ》どもに安全《あんぜん》な行動《こうどう》を教《おし》える時《とき》には、次《つぎ》のことを参考《さんこう》にしてください。

①子《こ》どもと一緒《いっしょ》に行動《こうどう》してみて、普段《ふだん》の行動範囲内《こうどうはんいない》の危険《きけん》を教《おし》える

②この時《とき》は絶対《ぜったい》に○○する！××しない！と根気強《こんきづよ》く、「具体的《ぐたいてき》に」「型《かた》」として「習慣化《しゅうかんか》」させる

③大人《おとな》も②で教《おし》えたことを必《かなら》ず守《まも》る
子《こ》どもがグズっているから、急《いそ》いでいるから、面倒《めんどう》だからと例外《れいがい》を認《みと》めるのはダメ

子《こ》どもは、大人《おとな》がしている通《とお》りに行動《こうどう》します。まずはパパ・ママが子《こ》どもたちのお手本《てほん》になりましょう。

子《こ》どもに「気《き》を付《つ》けて」は通《つう》じない。

漠然《ばくぜん》とした注意《ちゅうい》は子《こ》どもに伝《つた》わっていない

あなたがもし突然《とつぜん》、「気《き》を付《つ》けて！」と言《い》われたらどうしますか。何《なに》に？いつ？どこで？どうやって？と思《おも》うのではないでしょうか。

私《わたし》たちが子《こ》どもについ言《い》ってしまう「気《き》を付《つ》けなさい」も同《おな》じです。小学校低学年《しょうがっこうていがくねん》ごろまでの子《こ》どもは、過去《かこ》の経験《けいけん》の蓄積《ちくせき》も少《すく》なく、先《さき》に述《の》べたように、「今《いま》」を自分中心《じぶんちゅうしん》に生《い》きています。衝動性《しょうどうせい》も抑《おさ》えることが難《むずか》しい。

そんな子《こ》どもに、「ドアは気《き》を付《つ》けなさい」「車《くるま》には注意《ちゅうい》しなさい」と言《い》っても、具体的《ぐたいてき》に何《なに》にどう気《き》を付《つ》けていいか、実《じつ》はよく分《わ》かっていないのです。「返事《へんじ》はいいけど言《い》ったそばから危険《きけん》なことをする」と親《おや》が頭《あたま》を抱《かか》えるのもこれが一因《いちいん》でしょう。

「気《き》を付《つ》けて」「注意《ちゅうい》して」「しっかりして」といった漠然《ばくぜん》とした注意《ちゅうい》は子《こ》どもには伝《つた》わりません。具体的《ぐたいてき》に、何《なに》に、どう気《き》を付《つ》けなければいけないか、理由《りゆう》も説明《せつめい》しながら伝《つた》えると子《こ》どもにも分《わ》かりやすいですよ。

LA
BAMBINO

コラム 1

ニホンザルの母子《おやこ》に学《まな》ぶ

ニホンザルは私《わたし》たちヒトと同《おな》じ哺乳類《ほにゅうるい》です。哺乳類《ほにゅうるい》とは文字《もじ》通《どお》り、乳《ちち》で哺《はぐく》む動物《どうぶつ》で、ニホンザルにもヒトのような親《おや》子関係《こかんけい》、母《はは》と子《こ》の関係《かんけい》があって、そこには色々《いろいろ》な出来事《できごと》があります。本《ほん》コラムは、大阪大学《おおさかだいがく》のニホンザル研究者《けんきゅうしゃ》が経験《けいけん》した、サル母子《おやこ》の話《はなし》です。

お母《かあ》さんザルは、子育《こそだ》てに多《おお》くの時間《じかん》を使《つか》いますが、大人《おとな》同士《どうし》の付《つ》き合《あ》いもあります。ある日《ひ》、お母《かあ》さんザルが他《ほか》の大人《おとな》のサルに毛《け》づくろい（ニホンザルは主《おも》に「毛《け》づくろい」でコミュニケーションをとります）をしていました。お母《かあ》さんの近《ちか》くに子《こ》どもはいません。すると突然《とつぜん》、お母《かあ》さんが走《はし》り出《だ》しました。急《いそ》いで追《お》いかけると、数十《すうじゅう》メートルも先《さき》、そこにはお母《かあ》さんに抱《だ》きかかえられた子《こ》どもがいました。こんなことが何度《なんど》もあり、なぜお母《かあ》さんは急《きゅう》に走《はし》り出《だ》すのかと不思議《ふしぎ》でした。

よーく耳《みみ》をすましてみると、本当《ほんとう》に聞《き》こえるか聞《き》こえないかくらいの音量《おんりょう》で「キャッ」という悲鳴《ひめい》が聞《き》こえてから、お母《かあ》さんが走《はし》り出《だ》していたのです。お母《かあ》さんは遠《とお》くにいても我《わ》が子《こ》の鳴《な》き声《ごえ》が分《わ》かって、何《なに》かあったと思《おも》うと駆《か》けつけるのです。

また、赤《あか》ちゃんザルも成長《せいちょう》するとおっぱい離《ばな》れの時期《じき》がやってきます。でもまだ小《ちい》さな子《こ》どもにとって、おっぱいからの卒業《そつぎょう》は難《むずか》しいようです。お母《かあ》さんは、子《こ》どもがおっぱいに顔《かお》を近《ちか》づけてきたら、腕《うで》でガードをして拒否《きょひ》するのですが、それでも子《こ》どもは諦《あきら》めません。「ケッケッケ」と駄々《だだ》をこねるように鳴《な》いたり「キャーキャー」叫《さけ》んだりしながら、おっぱいを欲《ほ》しがります。お母《かあ》さんの反応《はんのう》は様々《さまざま》で、仕方《しかた》ないなというようにおっぱいをあげるお母《かあ》さんもいれば、拒否《きょひ》し続《つづ》けるお母《かあ》さんもいて、みんなそれぞれ違《ちが》う形《かたち》で子《こ》どもと接《せっ》しています。

でも共通《きょうつう》していることがあります。拒否《きょひ》し続《つづ》けるお母《かあ》さんでも、子《こ》どもを傷《きず》つけることはありません。鳴《な》き続《つづ》け、駄々《だだ》をこねる子《こ》どもにお母《かあ》さんが噛《か》みつくことはありますが、明《あき》らかに手加減《てかげん》しています。

実《じつ》は、噛《か》みつきはニホンザルの大人同士《おとなどうし》のケンカでもよくあることで、噛《か》む力《ちから》がすごく強《つよ》いので、他《ほか》のサルに噛《か》みつかれたケガを見《み》ることも多《おお》くあります。けれども母親《ははおや》に噛《か》まれた子《こ》どもがケガをしているのを見《み》たことがありません。サルでも子《こ》どもがケガしないようにしつけができるのです。

第1章 屋外の危険

チャイルドシート・シートベルトはなぜするの？

今日《きょう》は家族揃《かぞくそろ》ってクルマで遊園地《ゆうえんち》にでかけるよ。
忘《わす》れものないかな クマちゃんとか
いるよ
みんな～早《はや》く乗《の》って 高速混《こうそくこ》むから
YEAH!
さ、カケルはここね。
ヤダ～!なんで僕《ぼく》だけまだジュニアシート!?
もう1年生《ねんせい》なのに赤《あか》ちゃんみたい!シートベルトも首《くび》くるしいし!
もう!面倒《めんどう》くさいな～
カケルは置《お》いていこ。おりて!
あらら、雲行《くもゆ》きあやしい…
やだ!おりない!でもベルトはいや!
後部座席《こうぶざせき》はベルトしなくていいんじゃない?
(はやく出発《しゅっぱつ》したい…)
ギャーギャー
んなわけあるかい!!
ピピーッ

チャイルドシート・シートベルトは「義務《ぎむ》」

カケル、パパ、自動車《じどうしゃ》に乗《の》る時《とき》、6歳未満《さいみまん》の子《こ》どもはチャイルドシートを使用《しよう》、6歳以上《さいいじょう》は一般道《いっぱんどう》でも全席《ぜんせき》シートベルト着用《ちゃくよう》は日本《にほん》の決《き》まりだよ。これが守《まも》れないと車《くるま》には乗《の》れないんだ。シートベルトが体《からだ》に合《あ》わない時《とき》はチャイルドシートを使《つか》おう！シートは、正《ただ》しく取《と》り付《つ》けて固定《こてい》して、しっかりベルトをしようね！

「近《ちか》いところに行《い》くから」「子《こ》どもが嫌《いや》がるから」「絶対事故《ぜったいじこ》しないから」ってチャイルドシートや後部座席《こうぶざせき》のシートベルトを面倒《めんどう》に思《おも》う人《ひと》がいるね。子《こ》どもの年齢《ねんれい》が上《あ》がるにつれて使《つか》われなくなっているし…。

でも、正《ただ》しい運転《うんてん》をしていても、巻《ま》き込《こ》まれることがあるから怖《こわ》いんだ。衝突《しょうとつ》した時《とき》、窓《まど》を突《つ》き破《やぶ》って車《くるま》の外《そと》に飛《と》び出《だ》したり、後部座席《こうぶざせき》の人《ひと》が衝撃《しょうげき》で飛《と》んで、前《まえ》の席《せき》の人《ひと》に激突《げきとつ》して死《し》んでしまうこともある。赤《あか》ちゃんを抱《だ》っこして乗《の》っていて、赤《あか》ちゃんが大人《おとな》に押《お》しつぶされて死《し》んじゃった事故《じこ》もある。

一緒《いっしょ》に乗《の》っている人《ひと》を守《まも》るためにもベルトは絶対《ぜったい》にしよう。

チャイルドシートの正《ただ》しい使用《しよう》が子《こ》どもの命《いのち》を守《まも》る

６歳未満《さいみまん》の子《こ》どもが事故《じこ》にあった時《とき》に、チャイルドシートを正《ただ》しく使《つか》っていた場合《ばあい》と使《つか》っていなかった場合《ばあい》の致死率《ちしりつ》を見《み》ると、使《つか》っていなかった子《こ》どもの致死率《ちしりつ》は、正《ただ》しく使《つか》っている子《こ》どもの約《やく》4.6倍《ばい》も高《たか》かったんだ（警察庁《けいさつちょう》の平成《へいせい》30年《ねん》から令和《れいわ》４年《ねん》までの調査《ちょうさ》より※）。チャイルドシートを正《ただ》しく使《つか》うと、万《まん》が一《いち》事故《じこ》にあってもケガが軽《かる》くなる可能性《かのうせい》が高《たか》いよ。

ただ、チャイルドシートを固定《こてい》せずに座席《ざせき》に置《お》いているだけって人《ひと》や、固定《こてい》できていると思《おも》っても不十分《ふじゅうぶん》な場合《ばあい》も多《おお》いから、メーカーやＪＡＦ（日本自動車連盟《にほんじどうしゃれんめい》）の正《ただ》しい取《と》り付《つ》け方《かた》の説明《せつめい》を参考《さんこう》にしてチェックしてみてね。動画《どうが》も出《で》ているよ！

もし、カケルみたいに、６歳以上《さいいじょう》でもシートベルトを使《つか》うと体《からだ》に合《あ》わなくて苦《くる》しい時《とき》は、ジュニアシートを使《つか》ってね。

※子供《こども》を守《まも》るチャイルドシート｜警察庁《けいさつちょう》Ｗｅｂサイト
https://www.npa.go.jp/bureau/traffic/anzen/childseat.html

ベルトは大切《たいせつ》！

車《くるま》のチャイルドシートの他《ほか》にも、自転車《じてんしゃ》のシートやベビーカー、抱《だ》っこひも、ライフジャケットなど、安全《あんぜん》のためのベルトはとっても大切《たいせつ》。

「これくらいいいか」と思《おも》ってベルトをさぼると、ベルトをしていたら防《ふせ》げたことも、飛《と》び出《だ》したりすり抜《ぬ》けたりして、大《おお》きな事故《じこ》になることもある。

「ベルトを正《ただ》しくしていたら死《し》ななかったのに」って言《い》いたくないよね！

POINT

- ☑チャイルドシート・シートベルトは、「義務《ぎむ》」。しないと車《くるま》に乗《の》れないよ。
- ☑チャイルドシート・シートベルトは、子《こ》どもや一緒《いっしょ》に乗《の》っている人《ひと》の命《いのち》を守《まも》る。
- ☑自転車《じてんしゃ》のシートやベビーカーなどのベルトも正《ただ》しく着用《ちゃくよう》しよう。

車《くるま》から降《お》りるのは誰《だれ》からが安全《あんぜん》？

色々《いろいろ》あったけど※何《なん》とか遊園地《ゆうえんち》に着《つ》いたクマダ家《け》。
※くわしくは20ページ
ふう〜、やっと駐車《ちゅうしゃ》できためちゃ混《こ》みまくり
ミチル、降《お》りるよ〜いつまで動画《どうが》みてんの
はいよ
ついた！ついた！早《はや》く行《い》こー！
もうゲートにいっぱいならんでる！クマちゃんと先行《さきい》くね！
DASH！
あっ！待《ま》ってカケル！手《て》つないで！
先《さき》ばしっちゃダメ！ほら！駐車《ちゅうしゃ》しようと車《くるま》がバックしてきたよ！
わぁぶつかる！
これは…クマちゃん出動《しゅつどう》するしかない!!
リアガラスめがけて…
JUMP！
うわぁ何《なん》だ急《きゅう》に!!クマのぬいぐるみがとんできた!!
STOP！
キキィィ
カケル！よかった無事《ぶじ》で
こわかった〜よけてくれるとおもったぁ
すみません全然《ぜんぜん》見《み》えてなくて…
いえいえこちらこそすみません
何《なに》かあったの？ん？クマちゃん何《なん》でよその車《くるま》に乗《の》ってんの？
間一髪《かんいっぱつ》…危《あや》うく皆《みんな》が不幸《ふしあわ》せになるとこだった…。

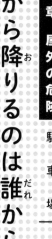

意外《いがい》と多《おお》い、駐車場《ちゅうしゃじょう》での事故《じこ》

危《あぶ》なかったー…駐車場《ちゅうしゃじょう》って危《あぶ》ないんだよ。

警察《けいさつ》のデータ上《じょう》では、交通事故《こうつうじこ》のほとんど（約《やく》55％）は交差点《こうさてん》やその近《ちか》くで起《お》こっていて、駐車場《ちゅうしゃじょう》などでの事故《じこ》は少《すく》ない（約《やく》5％）んだけど、自宅《じたく》の駐車場《ちゅうしゃじょう》みたいに、個人《こじん》の土地《とち》での事故《じこ》や、ケガがなかった事故《じこ》などは、警察《けいさつ》に届《とど》け出《で》ても事故《じこ》の数《かず》に含《ふく》まれないものもあるんだ。だから、駐車場《ちゅうしゃじょう》の事故《じこ》は実《じつ》はもっとたくさん起《お》こってるよ。

例《たと》えば、保険会社《ほけんがいしゃ》が保険金《ほけんきん》を支払《しはら》った交通事故《こうつうじこ》のデータ(※)によれば、4件《けん》に1件《けん》（25％）は駐車場《ちゅうしゃじょう》で発生《はっせい》してるよ。車《くるま》や壁《かべ》に傷《きず》が付《つ》いたり、へこんだりするような事故《じこ》が多《おお》いけど、子《こ》どもがひかれる事故《じこ》も毎年《まいとし》起《お》こっているから、駐車場《ちゅうしゃじょう》は要注意《ようちゅうい》!

例《たと》えば、小《ちい》さい子《こ》どもが、車《くるま》で出《で》かけるパパを見送《みおく》るために1人《ひとり》で自宅《じたく》の駐車場《ちゅうしゃじょう》に出《で》てしまって、子《こ》どもがいるはずはないと思《おも》っていたパパがその子《こ》をひいてしまう、という悲《かな》しい事故《じこ》も起《お》きているんだ。

※日本損害保険協会東北支部《にほんそんがいほけんきょうかいとうほくしぶ》「東北《とうほく》6県《けん》の車両事故実態《しゃりょうじこじったい》に関《かん》するモニタリング調査《ちょうさ》」（2018年《ねん》1月《がつ》～12月《がつ》）
https://www.sonpo.or.jp/news/branch/tohoku/2019/2002_01.html

ドライバーはバックする「前《まえ》」に確認《かくにん》を

ドライバーは駐車《ちゅうしゃ》する時《とき》、駐車枠《ちゅうしゃわく》にバックで入《い》れることが多《おお》いよね？　でも、後《うし》ろの安全確認《あんぜんかくにん》が十分《じゅうぶん》できている人《ひと》はとても少《すく》ないんだ。停《と》めるところを振《ふ》り返《かえ》って確認《かくにん》するより先《さき》にバックし始《はじ》める人《ひと》がほとんど。あと、左《ひだり》にバックする時《とき》は左側《ひだりがわ》、右《みぎ》にバックする時《とき》は右側《みぎがわ》のサイドミラーはしっかり確認《かくにん》してても、反対側《はんたいがわ》のミラーや後《うし》ろの確認《かくにん》ができてないことも多《おお》い…。

「バックモニターを見《み》てるから大丈夫《だいじょうぶ》」って言《い》う人《ひと》も多《おお》いだろうけど、バックし始《はじ》めてから画面《がめん》に後《うし》ろの映像《えいぞう》が映《うつ》るまで、機種《きしゅ》によってはすこーし時間《じかん》がかかる。でも、映像《えいぞう》が出《で》る前《まえ》にバックしている人《ひと》が多《おお》いから、その間《あいだ》も事故《じこ》の元《もと》なんだ。ドライバーは「バックする〝前《まえ》〟に、安全確認《あんぜんかくにん》」だよ！

歩《ある》く時《とき》は子《こ》どもだけにしない

バックする車《くるま》とぶつかる事故《じこ》は、高齢者《こうれいしゃ》と子《こ》どもに多《おお》く起《お》こってる。高齢者《こうれいしゃ》は歩《ある》く時《とき》に足元《あしもと》を見《み》ていることが多《おお》いから周《まわ》りの車《くるま》に気付《きづ》かないことが多《おお》くて、子《こ》どもは背《せ》が低《ひく》いから、ドライバーから見《み》えない「死角《しかく》」に入《はい》りやすい。
だから、駐車場《ちゅうしゃじょう》では、子《こ》どもを1人《ひとり》にしないで！ 降《お》りる時《とき》は大人《おとな》が先《さき》、乗《の》る時《とき》は子《こ》どもが先《さき》。どうしても駐車中《ちゅうしゃちゅう》の車《くるま》のそばを通《とお》らないといけない時《とき》は、中《なか》にドライバーが乗《の》っていないかも確認《かくにん》しよう。

バックするのを知《し》らせるためにハザードランプで合図《あいず》することも、大人《おとな》は分《わ》かっていても、子《こ》どもは教《おし》えていないとランプに気付《きづ》いていないことも多いんだ。パパママは、小《ちい》さい子《こ》は手《て》をつないで、小学生《しょうがくせい》でも低学年《ていがくねん》のうちはとっさの時《とき》に手《て》をつかめる距離《きょり》でいてね。

POINT

- ☑ 駐車場《ちゅうしゃじょう》での事故《じこ》は、警察《けいさつ》のデータよりたくさん起《お》こっているよ。
- ☑ ドライバーは、バックで駐車《ちゅうしゃ》しはじめる「前《まえ》」に後《うし》ろの安全確認《あんぜんかくにん》をしてね。
- ☑ 車《くるま》から降《お》りる時《とき》は大人《おとな》が先《さき》、乗《の》る時《とき》は子《こ》どもが先《さき》だよ。
- ☑ 駐車場《ちゅうしゃじょう》では手《て》をつなぐか、すぐ手《て》をつかめる距離《きょり》で歩《ある》こうね。

ヘルメットは大人《おとな》が見本《みほん》になろう

パパが通勤《つうきん》のため
かっこいいクロス
バイクを買《か》った。
アウトドア
ブランドの
リュックも
新調《しんちょう》したし…
どう?
かっこ
いいだろ?
いくらしたのかな?
へえ…
なかなか
いいじゃん
カケル、
さっそく
サイクリング
行《い》くか!
うん!!
あれ?パパ、
ヘルメットは?
え?
大《おお》げさだな～
いらないよ
大人《おとな》だし
え～!
ずるい!!
じゃあぼくも
かぶらない!
面倒《めんどう》だもん!
事故《じこ》なんて
しないし!
ええ～…
(早《はや》く行《い》きたい…)
まあ、そう
なるよね～
いい加減《かげん》にしな…
ヘルメットで
助《たす》かった命《いのち》が
いくつあると
思《おも》ってるんだ?
2人《ふたり》とも
問答無用《もんどうむよう》で
かぶりなさい
――!!

かぶらなきゃダメ

道路交通法《どうろこうつうほう》で、自転車《じてんしゃ》に乗《の》る時《とき》ヘルメットをかぶるのは義務《ぎむ》だよ！と言《い》いたいけど、実際《じっさい》はかぶらなくても罰金《ばっきん》などがない「努力義務《どりょくぎむ》」なんだ。これまでも、13歳未満《さいみまん》の子《こ》どもが自転車《じてんしゃ》に乗《の》る時《とき》には、保護者《ほごしゃ》はヘルメットをかぶらせるようにしなければいけなかったんだけど、現在《げんざい》（２０２３年《ねん》4月《がつ》以降《いこう》）はすべての年齢《ねんれい》の自転車利用者《じてんしゃりようしゃ》の着用《ちゃくよう》が「努力義務《どりょくぎむ》」に。

じゃあかぶらなくていいや、って人《ひと》もいるかもしれないけど、自転車事故《じてんしゃじこ》で亡《な》くなった人《ひと》の60％以上《いじょう》は頭部《とうぶ》を損傷《そんしょう》しているから、罰金《ばっきん》があるないとは関係《かんけい》なく、頭《あたま》は守《まも》らないと！ヘルメットを正《ただ》しくかぶっていれば、死亡《しぼう》リスクは4分《ぶん》の1になるんだ。

選《えら》び方《かた》が肝心《かんじん》

ヘルメットならなんでもいいってわけじゃないよ。野球《やきゅう》などのスポーツ用《よう》ヘルメットではなく、安全基準《あんぜんきじゅん》（92ページの安全《あんぜん》マーク参照《さんしょう》）をクリアしたＳＧマークの付《つ》いている自転車《じてんしゃ》用《よう》ヘルメットをかぶって。

サイズも大切《たいせつ》！子《こ》どもってすぐに大《おお》きくなるからパパやママは大《おお》きめのものを選《えら》びたく

なるけど、大《おお》きすぎたり、あごひもがゆるんでいると、転《ころ》んだはずみでズレたり脱《ぬ》げることがある。もし事故《じこ》にあった時《とき》に、ヘルメットが脱《ぬ》げちゃったら、かぶっていない時《とき》と死亡率《しぼうりつ》は変《か》わらないよ。成長《せいちょう》に合《あ》わせてぴったりサイズに買《か》い替《か》えてね。

かぶり方《かた》も肝心《かんじん》

1 ヘルメットは、まゆ毛《げ》の上《うえ》から横《よこ》にした指《ゆび》1本分《ぽんぶん》くらいのところでまっすぐかぶる

2 耳《みみ》をはさんでベルトが〝Vの字《じ》〟になるように調節《ちょうせつ》

3 「あ～」と口《くち》を開《あ》けた時《とき》、つっぱるくらいの長《なが》さにあご下《した》のアジャスターを調節《ちょうせつ》

家族《かぞく》みんなでかぶろう

ヘルメットは大人《おとな》もかぶった方《ほう》が絶対《ぜったい》にいい！　クマちゃんはかぶっている人《ひと》の方《ほう》がかっこいいと思《おも》うよ。「ママチャリにヘルメットは恥《は》ずかしい」と思《おも》う人《ひと》もいるかもしれないけど、最近《さいきん》はオシャレな帽子《ぼうし》みたいなヘルメットもたくさん売《う》ってるから、お気《き》に入《い》りのものを探《さが》してみて。パパは「大《おお》げさ」なんて言《い》わないで、かっこよくかぶって家族《かぞく》のお手本《てほん》になってね。

POINT

- ☑ 自転車事故《じてんしゃじこ》で亡《な》くなった人《ひと》の60％以上《いじょう》は頭部《とうぶ》を損傷《そんしょう》している。頭《あたま》を守《まも》ろう。
- ☑ 罰金《ばっきん》がないからヘルメットかぶらなくていいや！　はダメ。
- ☑ SGマーク付《つ》きの、サイズの合《あ》ったヘルメットを、正《ただ》しくかぶってね。
- ☑ ヘルメットは大人《おとな》も子《こ》どもも、家族《かぞく》みんなでかぶろう。

交《こう》通《つう》事《じ》故《こ》多《た》発《はつ》!! 〝魔《ま》の7歳《さい》〟とは

ある日《ひ》の放課後《ほうかご》。習《なら》い事《ごと》も一緒《いっしょ》のお友達《ともだち》と下校中《げこうちゅう》のカケル。
今日《きょう》サッカー行《い》くよね?
うん 着替《きが》えてからカケルんち行《い》くわ
了解《りょうかい》
ほんとは公園《こうえん》でセミとりしたいけど
あっ!セミの抜《ぬ》け殻《がら》はっけーん!
こっちにも!!
・・・。ぼく先《さき》渡《わた》るよ
カケル〜早《はや》く渡《わた》らないと赤《あか》になるよ
やばっ 点滅《てんめつ》してる!いそげ!
DASH!
慌《あわ》てて渡《わた》ると…ほら!左折車《させつしゃ》が来《き》てる!
あぶなーい!
わぁ、ぶつかる!!
キキィイイ
間一髪《かんいっぱつ》!ブレーキ間《ま》に合《あ》った!
きみ、大丈夫《だいじょうぶ》か!?
はい…大丈夫《だいじょうぶ》です…
セミの抜《ぬ》け殻《がら》落《お》とした
それどころじゃないだろ
これぞ「魔《ま》の7歳《さい》」って言《い》うやつだ…

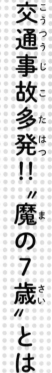

「魔《ま》の7歳《さい》」って？

あーびっくりした！ドライバーさんが気付《きづ》いて良《よ》かった！カケル、友達《ともだち》に呼《よ》ばれた時《とき》、青信号《あおしんごう》が点滅《てんめつ》しているから急《いそ》いで渡《わた》ったんだね。けど、交差点《こうさてん》の横断歩道《おうだんほどう》は青《あお》でも車《くるま》が来《く》ることがあるんだよ。カケルは1年生《ねんせい》だし、分《わ》かってなかったかもしれないね…。

実《じつ》は、歩行中《ほこうちゅう》に交通事故《こうつうじこ》で亡《な》くなったりケガをする人《ひと》は、カケルと同《おな》じ、7歳《さい》が一番多《いちばんおお》いんだ。しかも、日本《にほん》ではこれがなんと20年以上《ねんいじょう》変《か》わってない！

下《した》のグラフを見《み》て。0歳《さい》から80歳《さい》までの中《なか》で、7歳《さい》が一番多《いちばんおお》くて、その前後《ぜんご》の6歳《さい》、8歳《さい》も多《おお》くなってるでしょ？交通事故《こうつうじこ》は高齢者《こうれいしゃ》に多《おお》いイメージがあるから、意外《いがい》だよね。なぜだか分《わ》かる？

7歳《さい》は小学校《しょうがっこう》1年生《ねんせい》の歳《とし》。6歳《さい》の子《こ》もいる。小学校入学《しょうがっこうにゅうがく》までは大人《おとな》と一緒《いっしょ》に行動《こうどう》していたのに、1年生《ねんせい》になると子《こ》どもだけ

歩行中《ほこうちゅう》の交通事故死傷者数《こうつうじこししょうしゃすう》（平成《へいせい》27年《ねん》）

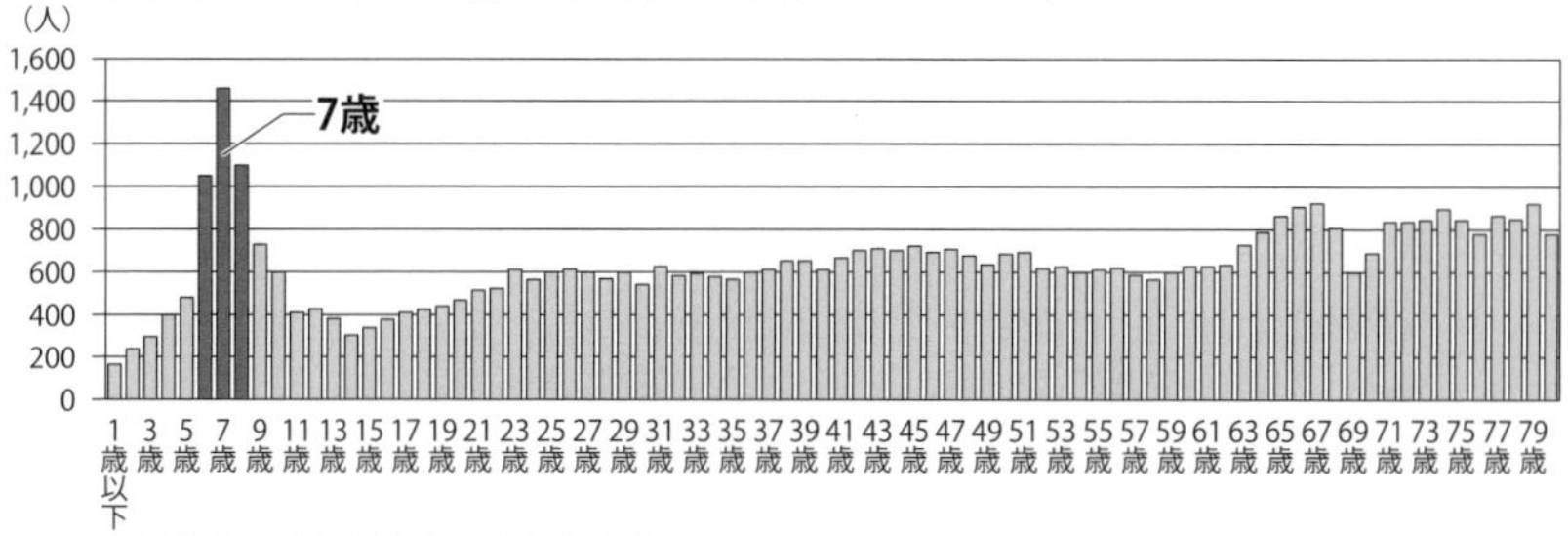

公益財団法人《こうえきざいだんほうじん》交通事故《こうつうじこ》総合分析《そうごうぶんせき》センター イタルダインフォメーションNO.121より

で登下校《とうげこう》したり、放課後《ほうかご》に遊《あそ》びに行《い》ったりするでしょ。パパやママも、ずっとつきっきりでいられない。そんな時《とき》、事故《じこ》にあいやすいんだ。

ここが危《あぶ》ない！

小学校低学年《しょうがっこうていがくねん》ごろまで、次《つぎ》のような「事故《じこ》にあいやすい理由《りゆう》」がある。

1 道《みち》の向《む》こう側《がわ》で友達《ともだち》に呼《よ》ばれたり、ボールが転《ころ》がって行《い》った時《とき》、安全確認《あんぜんかくにん》を忘《わす》れてそちらにまっしぐら！（衝動性《しょうどうせい》は8〜9ページ、視野《しや》の狭《せま》さは10〜11ページ参照《さんしょう》）

2 車《くるま》やバイク、自転車《じてんしゃ》の動《うご》きを予測《よそく》して動《うご》くのが難《むずか》しい

3 体《からだ》が小《ちい》さいのでドライバーが見《み》つけにくい

じゃあどうしたらいいの？

パパママは危《あぶ》ない行動《こうどう》を見《み》ると、つい「よく見《み》て！」「しっかりして！」なんて言《い》ってしまうけど、子《こ》どもなりに頑張《がんば》ってるし、子《こ》どもの特性《とくせい》だからすぐに治《なお》らない。だから、叱《しか》るだけ

じゃなくて、小学校《しょうがっこう》に入学《にゅうがく》する前後《ぜんご》で、子《こ》どもが行《い》く範囲《はんい》を一緒《いっしょ》に見回《みまわ》って、危《あぶ》ないところでどうやって行動《こうどう》したらいいかお手本《てほん》を見《み》せてほしい。それを繰《く》り返《かえ》して安全《あんぜん》な行動《こうどう》が習慣《しゅうかん》になればすごくいい！「魔《ま》の7歳《さい》」にならないように、年長《ねんちょう》さんごろから一緒《いっしょ》に行動《こうどう》してみるのもオススメだよ。

そして、体《からだ》が小《ち》さくてもドライバーから見《み》つけてもらいやすくするには、派手《はで》な色《いろ》の服《ふく》を着《き》たり、夕方暗《ゆうがたくら》くなる時間帯《じかんたい》に行動《こうどう》する時《とき》は服《ふく》や持《も》ち物《もの》にリフレクターをつけて！子《こ》どもは、自分《じぶん》がドライバーから見《み》えてないって分《わ》かっていないから、目立《めだ》つようにしてあげて！

POINT

- **歩行中《ほこうちゅう》に交通事故《こうつうじこ》で亡《な》くなったりケガをする人《ひと》は、7歳《さい》が一番多《いちばんおお》い。**
- **1年生《ねんせい》になると子《こ》どもだけで行動《こうどう》するようになって大人《おとな》もつきっきりでいられなくなる。だから、事故《じこ》にあいやすくなるんだ。**
- **大人《おとな》は、年長《ねんちょう》さんごろから安全《あんぜん》を意識《いしき》して一緒《いっしょ》に行動《こうどう》してお手本《てほん》を見《み》せよう。**
- **体《からだ》が小《ち》さくてもドライバーから見《み》つけてもらいやすくする工夫《くふう》をしよう。**

“見通《みとお》しが悪《わる》い”ってどういう意味《いみ》？

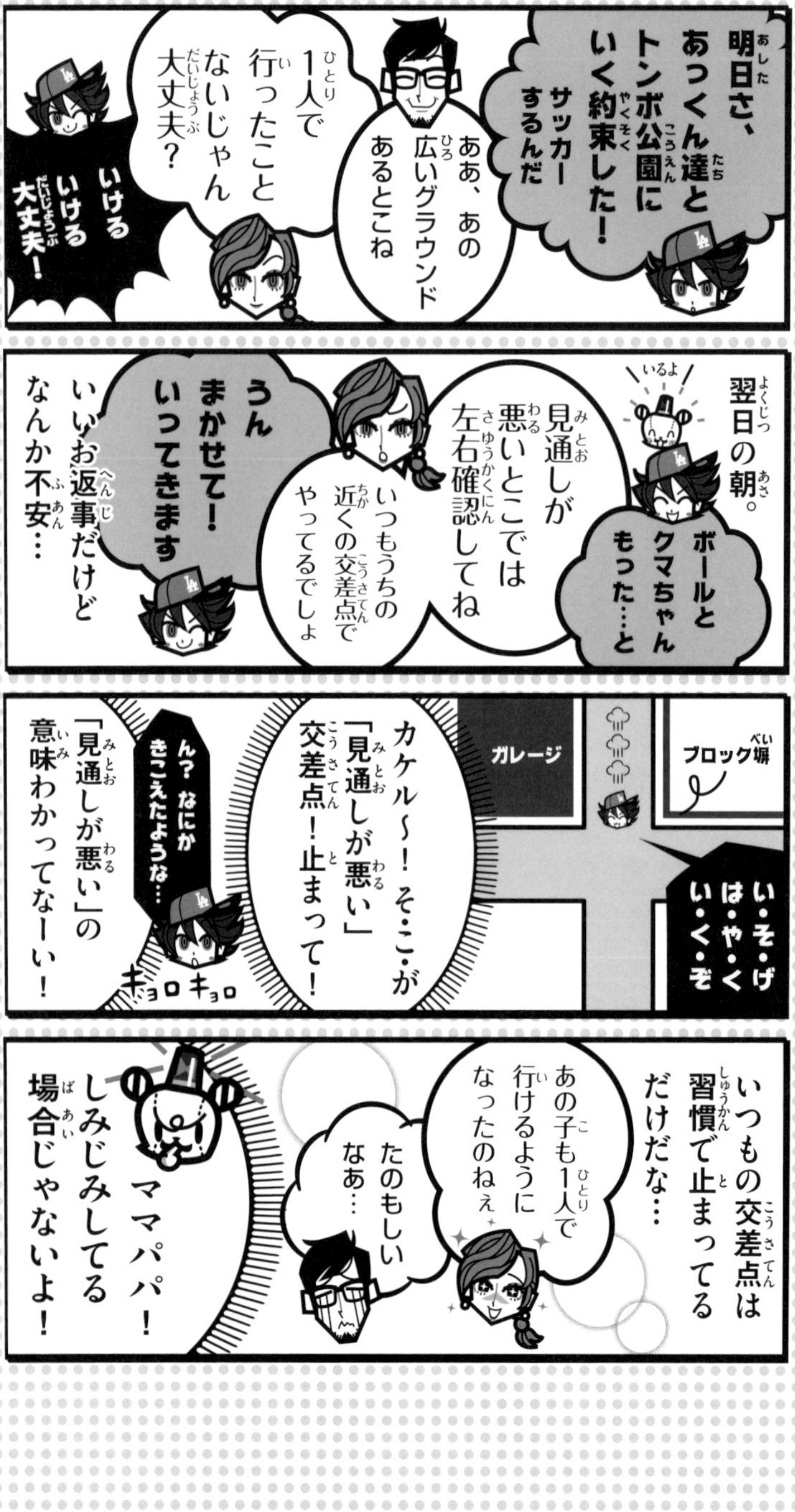

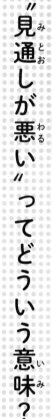

子《こ》どもは教《おそ》わったことの〝一般化《いっぱんか》（応用《おうよう》）〟が苦手《にがて》

地震《じしん》で倒《たお》れるリスクがある背《せ》の高《たか》いブロック塀《べい》は少《すく》なくなったけど、まだ住宅街《じゅうたくがい》には見通《みとお》しの悪《わる》い交差点《こうさてん》が多《おお》いよね。そういうところは、出会《であ》い頭事故《がしらじこ》が起《お》こりやすい。パパママは、よく通《とお》る道《みち》では「ここは見通《みとお》しが悪《わる》いから、止《と》まって確認《かくにん》しなさい」と教《おし》えてるよね。繰《く》り返《かえ》し教《おし》えて、カケルもそこでは安全確認《あんぜんかくにん》ができてる。

でも、油断《ゆだん》は禁物《きんもつ》！

カケル、「見通《みとお》しが悪《わる》い」を理解《りかい》して立《た》ち止《ど》まっているんじゃなくて、「そこで止《と》まれって言《い》われたから止《と》まってる」ってことはない？「見通《みとお》しが悪《わる》い」の意味《いみ》が分《わ》かってなかったら、他《ほか》の場所《ばしょ》で同《おな》じ行動《こうどう》はできないんだ。

見通《みとお》しが悪《わる》い場所《ばしょ》、危険《きけん》な場所《ばしょ》が具体的《ぐたいてき》にどういうところなのか、パパママは気長《きなが》に教《おし》えてあげて！

〝危険《きけん》な場所《ばしょ》〟ってどうやったら分《わ》かる？

危険《きけん》な場所《ばしょ》なんて分《わ》からないよ！って思《おも》うかもしれないけど、そんな時《とき》は、身近《みぢか》な道路標識《どうろひょうしき》や路面表示《ろめんひょうじ》、カーブミラーが、危険《きけん》を知《し》らせるヒント！　例《たと》えば…

一時停止標識《いちじていしひょうしき》

「止《と》まれ」と書《か》かれた赤《あか》い逆三角《ぎゃくさんかく》の標識《ひょうしき》があるでしょ。最近《さいきん》は「ＳＴＯＰ」と英語《えいご》のものも増《ふ》えてきた。この標識《ひょうしき》は「一時停止《いちじていし》」のしるし。ここでは、自転車《じてんしゃ》もいったん止《と》まらないといけないよ。自動車《じどうしゃ》との事故《じこ》があった自転車《じてんしゃ》の約半分《やくはんぶん》は交差点《こうさてん》での出会《であ》い頭《がしら》の衝突《しょうとつ》だから、この標識《ひょうしき》の手前《てまえ》で一時停止《いちじていし》、左右《さゆう》の安全確認《あんぜんかくにん》すれば、事故《じこ》が減《へ》る！

路面表示《ろめんひょうじ》、カーブミラー

最近《さいきん》、緑《みどり》や青《あお》など、道路《どうろ》がどんどんカラフルになってるよね。なぜだろう？

それは、道路《どうろ》をかわいくするため！…ではなくて、学校《がっこう》の近《ちか》くの子《こ》どもが多《おお》い道路《どうろ》や、実際《じっさい》に事故《じこ》が起《お》こった場所《ばしょ》、事故《じこ》が起《お》こりそうになった場所《ばしょ》に色付《いろづ》けして、みんなに注意《ちゅうい》してもらうために目立《めだ》たせているんだ。

カーブミラーもそう。事故《じこ》が起《お》こったから設置《せっち》したものに加《くわ》え、地域《ちいき》の人《ひと》たちが、まちにお願《ねが》いして、道《みち》でヒヤッ！としたり、ハッ！とした（ヒヤリハット）場所《ばしょ》に設置《せっち》してもらったものも多《おお》いんだ。

道路標識《どうろひょうしき》や色付《いろづ》け、カーブミラーは、分《わ》かりやすく危険《きけん》を教《おし》えてくれているものだから、車《くるま》やバイク、自転車《じてんしゃ》に乗《の》る時《とき》には注意《ちゅうい》して。子《こ》どもにはお出《で》かけの時《とき》に教《おし》えてあげてね。警察《けいさつ》のホームページに交通事故《こうつうじこ》の発生場所《はっせいばしょ》がアップされているから、それをみんなで確認《かくにん》するのもオススメだよ。

POINT

- ☑子《こ》どもは教《おそ》わったことを一般化《いっぱんか》（応用《おうよう》）するのが苦手《にがて》。
- ☑危険《きけん》な場所《ばしょ》は「道路標識《どうろひょうしき》」「路面表示《ろめんひょうじ》」「カーブミラー」などでわかるよ。
- ☑大人《おとな》は子《こ》どもに危険《きけん》な場所《ばしょ》を繰《く》り返《かえ》し教《おし》えてあげてね。

スケボーの練習《れんしゅう》をする前《まえ》に

地域《ちいき》のお祭《まつ》りにやってきた一家《いっか》。食《た》べもの、ゲーム、ステージ発表《はっぴょう》と盛《も》りだくさんだ。
こら〜！座《すわ》って食《た》べなさいフランクフルトの串《くし》、刺《さ》さるよ！
ふえ〜い
わわわ、ビンゴいいとこきてる！
ビンゴたいかい
私《わたし》は友達《ともだち》とショッピング
ほんとだあとひとつ！リーーーチ!!
来《こ》い!!たのむ!!
つぎは…「55」でーす
きたあああああビンゴーーー!!
おめでとうはい、どうぞ
賞品《しょうひん》スケボーだやったーーー!!
ちょっとあっちで乗《の》ってくる！オリンピック観《み》てイメトレできてるし♪
え？？カケルスケボー乗《の》るの初《はじ》めてでしょ
何《なに》その自信《じしん》!?
だいじょうぶ
あれ？あれ？とまれない〜わああ
あぶない!!
ドシン
ガー
いてて…カケル、ケガはない？
ちょっとヒジとヒザすりむいただけ
パパが止《と》めてくれてよかった…でもヘタしたら大《おお》ケガしたり周《まわ》りの人にぶつかってたかも
ごめんなさい
プロテクター買《か》いに行こう
ボード類《るい》は自分《じぶん》と周《まわ》りの安全《あんぜん》を確保《かくほ》してから楽《たの》しもう

転《ころ》ぶと思《おも》って乗《の》る

スケートボードや、それに似《に》たボード類《るい》、乗《の》りこなしている人《ひと》を見《み》るとかっこいいし、練習《れんしゅう》するのも楽《たの》しいよね。でも、乗《の》る時《とき》はヘルメットとプロテクターを着《つ》けて！　ボード類《るい》は転《ころ》びやすい、っていうか、絶対転《ぜったいころ》ぶと思《おも》って乗《の》る方《ほう》がいい遊具《ゆうぐ》だよ。

消費者庁《しょうひしゃちょう》に報告《ほうこく》されているボード類《るい》の事故《じこ》だけでも11年間《ねんかん》で230件《けん》。手当《てあ》てを受《う》けたり、救急車《きゅうきゅうしゃ》で運《はこ》ばれても報告《ほうこく》されていない事故《じこ》の方《ほう》が多《おお》いから、実際《じっさい》はもっともっと多《おお》くの事故《じこ》が起《お》きていると思《おも》う。

報告《ほうこく》では、ほとんどのケースが一般的《いっぱんてき》な乗《の》り方《かた》をして起《お》きてるよ。半分以上《はんぶんいじょう》が骨折《こっせつ》、92件《けん》で頭《あたま》や顔《かお》のケガ、中《なか》には脳《のう》が傷《きず》つく大《おお》きな事故《じこ》になっているものもあって、転《ころ》ぶと、手《て》をついて手首《てくび》やひじを骨折《こっせつ》する子《こ》どもが多《おお》いんだ。大《おお》きなケガにつながりやすいってことだね。

カケルはパパが止《と》めてくれて良《よ》かった。そのまま行《い》ってたら転《ころ》んだり、人《ひと》に激突《げきとつ》したり、道路《どうろ》に突《つ》っ込《こ》んで車《くるま》にひかれていたかも…。

報告《ほうこく》でも、約《やく》4分《ぶん》の3の173件《けん》がカケルと同《おな》じ小学生《しょうがくせい》の年代《ねんだい》で起《お》きているから、ヘルメットやプロテクターは必須《ひっす》！　競技《きょうぎ》としても18歳《さい》までのヘルメットは義務《ぎむ》になってるくらいだよ。

遊《あそ》ぶ場所《ばしょ》も選《えら》ぼう

そして、遊《あそ》ぶ場所《ばしょ》も大切《たいせつ》！　ボード類《るい》は、交通《こうつう》の多《おお》い道路《どうろ》で乗《の》ることは法律《ほうりつ》で禁止《きんし》されている遊具《ゆうぐ》だしね。「地面《じめん》が平《たい》らで障害物《しょうがいぶつ》がない」っていうのも楽《たの》しく安全《あんぜん》に遊《あそ》ぶポイントだよ。

遊具《ゆうぐ》や車止《くるまど》めのポールを避《さ》けるのはもちろん、気付《きづ》きにくいもの…例《たと》えば、金属製《きんぞくせい》で格子状《こうしじょう》になった溝《みぞ》のふた「グレーチング」が、よく公園《こうえん》や道路《どうろ》に置《お》かれているでしょ？　最近《さいきん》のグレーチングは格子《こうし》の幅《はば》が狭《せま》くなって、滑《すべ》りにくい工夫《くふう》がされてるんだけど、中《なか》には30〜40年前《ねんまえ》のものもあって、そうしたグレーチングは格子《こうし》の幅《はば》が広《ひろ》いから、ボード類《るい》のタイヤがは

新旧《しんきゅう》グレーチングの差《さ》（資料提供《しりょうていきょう》：株式会社《かぶしきがいしゃ》ダイクレ）

新《あたら》しい製品《せいひん》は格子《こうし》の幅《はば》が狭《せま》くなっている。

古《ふる》い製品《せいひん》はベビーカーなどの車輪《しゃりん》がはまってしまうことも。

まって転《ころ》ぶ事故《じこ》も起《お》きてるんだ。だから、地面《じめん》もよくチェックしてね。

ほかには鉄板《てっぱん》も滑《すべ》りやすくて危《あぶ》ないよ。

もし、公園《こうえん》や道路《どうろ》のようにみんなが使《つか》う場所《ばしょ》で、タイヤがはまってケガをしそうなグレーチングや、滑《すべ》りやすそうな場所《ばしょ》を見《み》つけたら、その場所《ばしょ》を管理《かんり》しているところに相談《そうだん》してみて。スケボーで遊《あそ》ぶ子《こ》ども以外《いがい》にも、自転車《じてんしゃ》や車《くるま》いすに乗《の》った人《ひと》がケガをしてしまうかもしれないからね。みんなが安全《あんぜん》に使《つか》える場所《ばしょ》にしよう！

POINT

- ☑ボード類《るい》は絶対転《ぜったいころ》ぶと思《おも》って乗《の》る方《ほう》がいい遊具《ゆうぐ》だよ。
- ☑ボード類《るい》の事故《じこ》は大《おお》きなケガにつながりやすい。ヘルメットやプロテクターは必須《ひっす》。
- ☑「地面《じめん》が平《たい》らで障害物《しょうがいぶつ》がない」っていうのも楽《たの》しく安全《あんぜん》に遊《あそ》ぶポイントだよ。

子《こ》ども乗《の》せ自《じ》転《てん》車《しゃ》って何《なん》人《にん》乗《の》り？

ママの同級生《どうきゅうせい》に3人目《にんめ》の子《こ》どもが生《う》まれた。
マユミちゃん赤《あか》ちゃんの写真《しゃしん》くれたの見《み》て〜カワイイ癒《いや》ししかない
バブ〜♪
ちっこいなぁ うちの子《こ》たちもこんなだった なぁ…しみじみ
よんだ？
およそ1ケ月後《かげつご》のある日《ひ》の出勤時《しゅっきんじ》。
朝《あさ》から暑《あつ》っ 急《いそ》がなきゃ
あ、マユミちゃんだ 保育園《ほいくえん》行《い》くとこね おはよ〜マユミちゃ……ん!?
・子乗《この》せ自転車《じてんしゃ》の前《まえ》に年少《ねんしょう》1人《ひとり》
・後《うし》ろに年長《ねんちょう》1人《ひとり》
・抱《だ》っこ紐《ひも》に新生児《しんせいじ》
・このクソ暑《あつ》いのに4人《にん》が1台《だい》で移動《いどう》
・頻回授乳《ひんかいじゅにゅう》で そもそもフラフラ
必死《ひっし》の形相《ぎょうそう》
その夜《よる》。
ねえパパ、今朝《けさ》マユミちゃん子《こ》ども3人《にん》乗《の》せて大変《たいへん》そうだったよ 私《わたし》に気《き》づかない位《くらい》
ていうか自転車《じてんしゃ》って何人《なんにん》まで乗《の》れるの？ 赤《あか》ちゃんも1人《ひとり》って数《かぞ》えるの？
そういえば分《わ》からないね うちは歳《とし》の差《さ》あって1人《ひとり》ずつしか乗《の》せてないから…
マユミちゃんとこ旦那《だんな》さんも激務《げきむ》だしそうせざるを得《え》ないんだろうけど…
その状況《じょうきょう》で転《ころ》んだりしたら大変《たいへん》だよね
そもそもが定員《ていいん》オーバーだしママのキャパもかなりオーバーしてそう…

自転車《じてんしゃ》のルールおさらい

自転車《じてんしゃ》って道路交通法《どうろこうつうほう》では「軽車両《けいしゃりょう》」になるんだ。でも、あまりルールを意識《いしき》しないで乗《の》っている人《ひと》も多《おお》くて…。例《たと》えば、1台《だい》に乗《の》れる人数《にんずう》。自転車《じてんしゃ》は基本的《きほんてき》に、運転《うんてん》する人《ひと》以外《いがい》に他《ほか》の人《ひと》を乗《の》せることはできないんだ。でも「16歳《さい》以上《いじょう》の運転者《うんてんしゃ》が、未就学児《みしゅうがくじ》（小学校入学《しょうがっこうにゅうがく》までの子《こ》ども）を乗《の》せる時《とき》だけ」例外《れいがい》があるよ。

①おんぶの時《とき》

2024年《ねん》3月《がつ》時点《じてん》のルールでは、6歳《さい》未満《みまん》の幼児《ようじ》を「背負《せお》った状態《じょうたい》」で乗《の》るのはOK、「抱《だ》っこ」はダメ。おんぶひもを子《こ》どもの成長《せいちょう》や服《ふく》の厚《あつ》さに合《あ》わせて毎回調整《まいかいちょうせい》するのも重要《じゅうよう》だよ。ひもが緩《ゆる》いと、倒《たお》れた時《とき》に子《こ》どもが飛《と》び出《だ》してしまうこともあるんだ。それでも運転《うんてん》は不安定《ふあんてい》になるから注意《ちゅうい》して。

②子《こ》ども用座席《ようざせき》を設置《せっち》している時《とき》

子《こ》ども用座席《ようざせき》を取《と》り付《つ》けた自転車《じてんしゃ》なら、未就学児《みしゅうがくじ》1人《ひとり》を乗《の》せることができるよ。荷台《にだい》やカゴに乗《の》せるのはダメ。座席《ざせき》は年齢《ねんれい》や体格《たいかく》に合《あ》った製品《せいひん》を正《ただ》しく取《と》り付《つ》けて、ベルトを調整《ちょうせい》して乗《の》せてね！

③子《こ》どもが2人《ふたり》乗《の》れる自転車《じてんしゃ》（幼児《ようじ》2人《ふたり》同乗用《どうじょうよう》自転車《じてんしゃ》）の時《とき》

幼児《ようじ》同乗用《どうじょうよう》自転車《じてんしゃ》というのは、強度《きょうど》、ブレーキの性能《せいのう》、駐輪《ちゅうりん》する時《とき》の安定性《あんていせい》など、幼児《ようじ》を２人《ふたり》乗《の》せても安全《あんぜん》に走《はし》れると認《みと》められた自転車《じてんしゃ》のことだよ。これなら子《こ》ども用座席《ようざせき》をふたつ取《と》り付《つ》けて未就学児《みしゅうがくじ》２人《ふたり》を乗《の》せてもＯＫ。前後《ぜんご》どちらかに１人《ひとり》を乗《の》せて、もう１人《ひとり》をおんぶして乗《の》るのもＯＫだよ。でも、ママの同級生《どうきゅうせい》みたいに、前《まえ》と後《うし》ろに２人《ふたり》、もう１人《ひとり》をおんぶや抱《だ》っこして乗《の》るのは違反《いはん》になっちゃうんだ。

子《こ》どもを乗《の》せたままにしないで

クマちゃん、子《こ》どもを乗《の》せたまま、自転車《じてんしゃ》を離《はな》れる大人《おとな》をよく見《み》るんだよね。いくら倒《たお》れにくいスタンドでも、子《こ》どもが座席《ざせき》で動《うご》いたり、人《ひと》や物《もの》が当《あ》たっちゃうと倒《たお》れるかもしれない。大事故《だいじこ》になっちゃう！　ほかにも、わざと倒《たお》されたり、１人《ひとり》になったすきに誘拐《ゆうかい》されちゃう危険《きけん》も…怖《こわ》い！

だから、子《こ》どもを乗《の》せたらいつでも支《ささ》えられる体勢《たいせい》でいて。上《うえ》の子《こ》のお迎《むか》えや、ちょっと買《か》い物《もの》っていう時《とき》でも、座席《ざせき》に子《こ》どもを残《のこ》さないでね。そして、子《こ》ども２人《ふたり》の時《とき》は、重心《じゅうしん》の高《たか》い前《まえ》の子《こ》は2番目《ばんめ》に乗《の》せて先《さき》に降《お》ろす。ヘルメットも忘《わす》れずに。
子育《こそだ》ての環境《かんきょう》って色々《いろいろ》で、車《くるま》が使《つか》えないとか、赤《あか》ちゃんを置《お》いてきょうだいの送《おく》り迎《むか》えができないっていう問題《もんだい》もあるよね。全国《ぜんこく》のパパママが頑張《がんば》って子育《こそだ》てしているのはクマちゃんもよく知《し》ってるよ。みんなが安全《あんぜん》に子育《こそだ》てできるようにクマちゃん頑張《がんば》るぞー！

（この内容《ないよう》は２０２４年《ねん》３月《がつ》現在《げんざい》の法令《ほうれい》などに基《もと》づいています）

※同乗《どうじょう》できる幼児《ようじ》の年齢《ねんれい》など詳細《しょうさい》な規則《きそく》は都道府県《とどうふけん》によっても異《こと》なります。お住《す》まいの地域《ちいき》の警察《けいさつ》のホームページなどで必《かなら》ずご確認《かくにん》ください。

※幼児《ようじ》２人同乗用自転車《ふたりどうじょうようじてんしゃ》と幼児用座席《ようじようざせき》を購入《こうにゅう》する際《さい》、自治体《じちたい》によっては補助金《ほじょきん》が出《で》る場合《ばあい》があります。購入前《こうにゅうまえ》に、お住《す》まいの自治体《じちたい》ホームページなどをご確認《かくにん》ください。

POINT

- ☑自転車《じてんしゃ》に子《こ》どもを同乗《どうじょう》させる場合《ばあい》のルールが決《き》まっているから、確認《かくにん》しよう。
- ☑ルールに沿《そ》って同乗《どうじょう》させる時《とき》も、座席《ざせき》やベルトはしっかり調整《ちょうせい》して。それでも運転《うんてん》は不安定《ふあんてい》になるから十分注意《じゅうぶんちゅうい》してね。
- ☑子《こ》どもを乗《の》せたまま自転車《じてんしゃ》を離《はな》れないようにしよう。

電動《でんどう》キックボードのルールって？

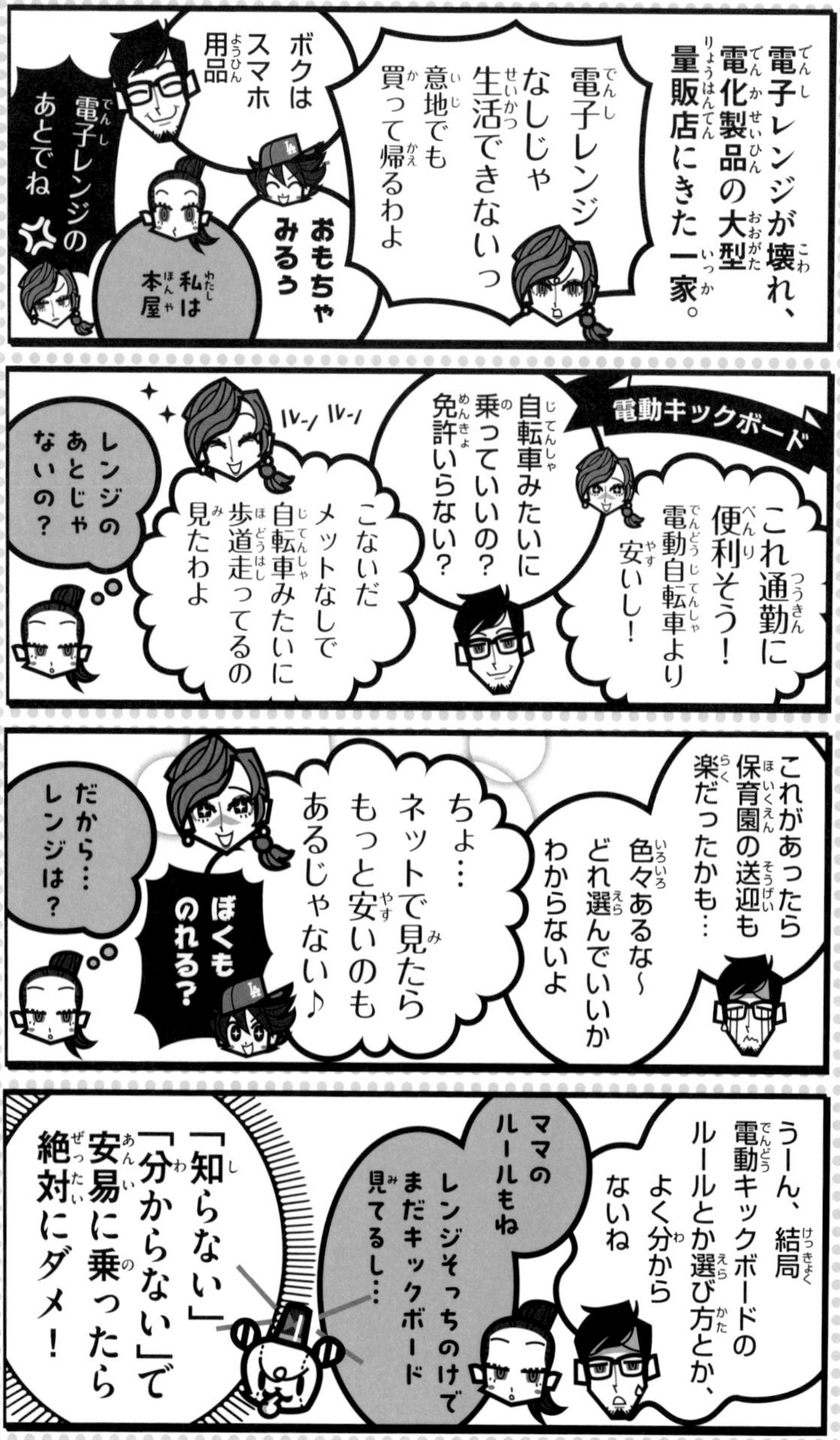

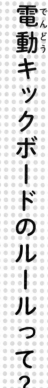

電動《でんどう》キックボードの定義《ていぎ》

電動《でんどう》キックボードを目《め》にする機会《きかい》が増《ふ》えたよね。電動《でんどう》アシスト自転車《じてんしゃ》よりも安《やす》く数万円《すうまんえん》で買《か》えるものもあったり、最近《さいきん》ではサドル付《つ》きのものもあったり、ますます身近《みぢか》になるかもね。でも、電動《でんどう》キックボードは新《あたら》しい乗《の》り物《もの》だから、運転《うんてん》する時《とき》のルールを知《し》らない大人《おとな》も多《おお》いよ。

2023年《ねん》6月《がつ》まで電動《でんどう》キックボードは、いわゆる原付《げんつき》バイクと同《おな》じ扱《あつか》いで、運転免許《うんてんめんきょ》が必要《ひつよう》だったんだ。それにヘルメットをかぶるのも義務《ぎむ》だった。ところが7月1日《がつついたち》からは、一定《いってい》の基準《きじゅん》(※)を満《み》たす電動《でんどう》キックボードは、「特定小型原動機付自転車《とくていこがたげんどうきつきじてんしゃ》」と定義《ていぎ》されて、16歳以上《さいいじょう》なら運転免許《うんてんめんきょ》がなくても運転《うんてん》ができるようになったんだ。

※特定小型原動機付自転車《とくていこがたげんどうきつきじてんしゃ》の基準《きじゅん》

【車体《しゃたい》の大《おお》きさ】
長《なが》さ190㎝以下《いか》、幅《はば》60㎝以下《いか》

【車体《しゃたい》の構造《こうぞう》】
原動機《げんどうき》は定格出力《ていかくしゅつりょく》が0.60kw以下《いか》の電動機《でんどうき》。時速《じそく》20㎞を超《こ》えて加速《かそく》できず、走行中《そうこうちゅう》に最高速度《さいこうそくど》の設定《せってい》を変更《へんこう》できないもの。オートマチック・トランスミッション（AT）であるもの。最高速度表示灯《さいこうそくどひょうじとう》が備《そな》えられているもの。など

これらの基準《きじゅん》を満《み》たさないものは、その2023年7月1日以降《ねんがつついたちいこう》も引《ひ》き続《つづ》き、車両区分《しゃりょうくぶん》（一般原動機付自転車又《いっぱんげんどうきつきじてんしゃまた》は自動車《じどうしゃ》）に応《おう》じた法令《ほうれい》の規定《きてい》が適用《てきよう》されます。これらの基準《きじゅん》を満《み》たさない車両《しゃりょう》の運転《うんてん》には、運転免許《うんてんめんきょ》が必要《ひつよう》です。

安全《あんぜん》に利用《りよう》するために

インターネットでも色々販売《いろいろはんばい》されていて、価格《かかく》が安《やす》いものもあるけど、実《じつ》は、道路《どうろ》で使《つか》えないものも売《う》られてるんだ。道路《どうろ》で利用《りよう》するには、ヘッドライトやブレーキランプなどの国土交通省《こくどこうつうしょう》が求《もと》める保安基準《ほあんきじゅん》に適合《てきごう》している必要《ひつよう》があるんだ。

「どうやってそれを判断《はんだん》すればいいの？」って思《おも》うかもしれないね。保安基準適合《ほあんきじゅんてきごう》を確認《かくにん》したものには、製造時《せいぞうじ》に性能等確認済《せいのうとうかくにんずみ》シールが貼《は》られているよ。

それから、ナンバープレートの取《と》り付《つ》けと自賠責保険《じばいせきほけん》への加入《かにゅう》が必須《ひっす》だ。

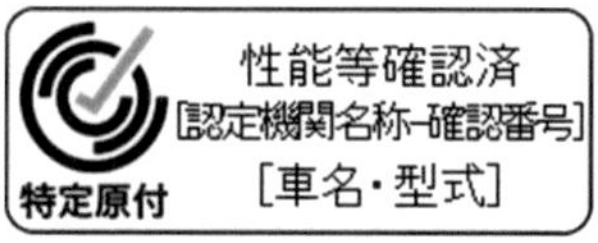

性能等確認済《せいのうとうかくにんずみ》シールの見本《みほん》

カケルのパパみたいに「これなら、子《こ》どもの送迎《そうげい》が楽《らく》だな」と思《おも》うかもしれないけど、実《じつ》は、2人《ふたり》乗《の》りは禁止《きんし》なんだ。自転車《じてんしゃ》だと小学校入学前《しょうがっこうにゅうがくまえ》の子《こ》どもを乗《の》せられるケースがあるけど、電動《でんどう》キックボードはおんぶして乗《の》るのもダメなんだ（もちろん、抱《だ》っこも）。

その他《ほか》、お酒《さけ》を飲《の》んでの運転《うんてん》やスマートフォンを使《つか》いながらの運転《うんてん》も禁止《きんし》されている。

また、最高速度表示灯《さいこうそくどひょうじとう》を点滅《てんめつ》させ、時速《じそく》6㎞以下《いか》に設定《せってい》した場合《ばあい》は、「普通自転車等及《ふつうじてんしゃとうおよ》び歩行者等専用《ほこうしゃとうせんよう》」の道路標識《どうろひょうしき》が設置《せっち》されている歩道《ほどう》を通行《つうこう》できる。ただこの場合《ばあい》、歩道《ほどう》の車道寄《しゃどうよ》りを通《とお》ることや歩行者《ほこうしゃ》を優先《ゆうせん》させるのはもちろんだよ。

交差点《こうさてん》の右折《うせつ》は、「二段階右折《にだんかいうせつ》」と言《い》って、道路《どうろ》の左側《ひだりがわ》をいったん交差点《こうさてん》の向《む》こう側《がわ》まで直進《ちょくしん》し、そこで方向《ほうこう》を変《か》えて進《すす》むんだ。自動二輪《じどうにりん》のように道路《どうろ》の中央《ちゅうおう》から右折《うせつ》はできない。ヘルメットの着用《ちゃくよう》は努力義務《どりょくぎむ》とされているけど、絶対《ぜったい》にかぶった方《ほう》がいいよ。

電動《でんどう》キックボードによっては、特定小型原動機付自転車《とくていこがたげんどうきつきじてんしゃ》ではなく一般原動機付自転車《いっぱんげんどうきつきじてんしゃ》に該当《がいとう》するものもある。こちらは、原付免許《げんつきめんきょ》以上《いじょう》が必要《ひつよう》だし、ヘルメットの着用《ちゃくよう》も義務《ぎむ》だ。購入《こうにゅう》前《まえ》には、しっかりと確認《かくにん》することが必要《ひつよう》だね。

（この内容《ないよう》は２０２４年《ねん》３月《がつ》現在《げんざい》の法令《ほうれい》などに基《もと》づいています）

「普通自転車等及《ふつうじてんしゃとうおよ》び歩行者等専用《ほこうしゃとうせんよう》」の道路標識《どうろひょうしき》

POINT

☑電動《でんどう》キックボードの定義《ていぎ》やルールは複雑《ふくざつ》なので、購入前《こうにゅうまえ》によく確認《かくにん》してね。

☑今《いま》の定義《ていぎ》やルールも、刻々《こくこく》と変《か》わるかも知《し》れないから、要注意《ようちゅうい》!!

道路《どうろ》の横断《おうだん》、どう教《おし》える？

パパ 早《はや》く公園《こうえん》 行《い》こうよ～
サッカーの練習《れんしゅう》のために出《で》かけるカケルとパパ。
はいよ～ ボールの空気《くうき》は……ヨシと
さ、もうすぐ公園《こうえん》に到着《とうちゃく》…
この横断歩道《おうだんほどう》信号《しんごう》ないからちゃんと見《み》て渡《わた》るよ
あっ！ あっくんもきてる～
って、聞《き》いてる!?
右《みぎ》・左《ひだり》・右《みぎ》！ 先行《さきい》くね！
ほんとに、見《み》た!?
DASH!
待《ま》って！ 速《はや》い車《くるま》がきてるよ！
ブロロ…
キィィ
言《い》わんこっちゃない――!!

事故《じこ》の半分以上《はんぶんいじょう》が道路《どうろ》を横断《おうだん》している時《とき》

ギリギリで車《くるま》が止《と》まってくれて事故《じこ》にはならなかったけど、危《あぶ》なかった！

歩行者《ほこうしゃ》と自動車《じどうしゃ》の事故《じこ》の半分以上《はんぶんいじょう》が道路《どうろ》を横断《おうだん》している時《とき》に起《お》こっているよ。歩行者《ほこうしゃ》が悪《わる》くないのに事故《じこ》が起《お》こっていることも多《おお》い。横断歩道《おうだんほどう》を渡《わた》ろうとする人《ひと》がいたら、自動車《じどうしゃ》は止《と》まる義務《ぎむ》があるんだけど、残念《ざんねん》ながら止《と》まってくれない車《くるま》も多《おお》い。

そんな道《みち》で子《こ》どもが渡《わた》るのは難《むずか》しいし危《あぶ》ないよね。

子《こ》どもの判断《はんだん》は不十分《ふじゅうぶん》

小学校低学年頃《しょうがっこうていがくねんごろ》までの子《こ》どもは、渡《わた》れるかどうかを、近《ちか》づいてくる「車《くるま》の速《はや》さ」より、「自《じ》分《ぶん》と車《くるま》の距離《きょり》」で決《き》めている子《こ》が多《おお》いんだ。だから、今日《きょう》みたいにスピードを出《だ》した車《くるま》が来《く》るととっても危険《きけん》。

大人《おとな》は、信号《しんごう》がない横断歩道《おうだんほどう》の渡《わた》り方《かた》をどうやって教《おし》えたらいいかな？

カケルも一緒《いっしょ》に勉強《べんきょう》しよう！

安全《あんぜん》に渡《わた》るポイント

よく「右《みぎ》、左《ひだり》、右《みぎ》」って言《い》うけど、これを子《こ》どもに教《おし》えても、確認《かくにん》の回数《かいすう》は増《ふ》えるけど、確認《かくにん》している時間《じかん》は教《おし》える前《まえ》とほとんど変《か》わらないと言《い》われている。子《こ》どもの視野《しや》は大人《おとな》よりも狭《せま》いから、ただ首《くび》を振《ふ》ればいいんじゃなくて、「どうやって」「何《なに》を」確認《かくにん》するかがポイントなんだ。

1

まずは「止《と》まる」

これは基本《きほん》！飛《と》び出《だ》しを防《ふせ》ぐし、正《ただ》しく安全確認《あんぜんかくにん》できるよ。

2

「近付《ちかづ》いてくる車《くるま》はいる？」

いつも渡《わた》る横断歩道《おうだんほどう》で、自分《じぶん》のほうに近付《ちかづ》いてくる車《くるま》やバイクがいるか確認《かくにん》しよう。

3

「渡《わた》れそう？」

カケルは渡《わた》れる自信《じしん》があっても、パパから見《み》ると無理《むり》だと思《おも》うことがある。そんな時《とき》は、パパが「あの車《くるま》はスピードが速《はや》いから渡《わた》っちゃダメ」とか具体的《ぐたいてき》な理由《りゆう》を教《おし》えて、大人《おとな》と同《おな》じ判断《はんだん》ができるように訓練《くんれん》しよう。

これを繰《く》り返《かえ》して、できるようになったらまずは合格《ごうかく》！

でも、子《こ》どもは、今日《きょう》できたからこれからもずっとできるとは限《かぎ》らない。大人《おとな》は根気強《こんきづよ》く教《おし》えないとね！

POINT

- 道路《どうろ》の横断中《おうだんちゅう》は、事故《じこ》が起《お》こりやすい。信号《しんごう》のないところは特《とく》に危険《きけん》がいっぱい。
- 子《こ》どもの判断力《はんだんりょく》は不十分《ふじゅうぶん》だから、安全《あんぜん》な渡《わた》り方《かた》を大人《おとな》が教《おし》える必要《ひつよう》があるよ。
- まず「止《と》まる」、次《つぎ》に「近《ちか》づいてくる車《くるま》はいるか」「渡《わた》れそうか」を確認《かくにん》しよう。
- 一度《いちど》できても次《つぎ》できるとは限《かぎ》らない。大人《おとな》は根気強《こんきづよ》く教《おし》えよう。

危険《きけん》を感《かん》じたら"プラン変更《へんこう》"!!

楽《たの》しみにしていた日帰《ひがえ》りスキー。ゲレンデに到着《とうちゃく》!
いっぱいすべるぞ~ 元取《もとと》らなきゃ
パパはやくぅ
ハイハイ… 朝早《あさはや》くから5時間運転《じかんうんてん》した身《み》にもなって…
ゼェゼェ
やっぱこのウェアかわいい♥
元取《もとと》るってなに?
もういっかいすべる~!
私《わたし》も
ちょっとずつ上手《じょうず》になってきた
休《やす》み合《あ》わせてきたかいがあったわね
あれ? 雪《ゆき》ふってきた
ほんとだ 風《かぜ》もでてきた
危《あぶ》ないかな… でも今《いま》やめたらたっかいリフト券《けん》の元取《もとと》れない…
5時間《じかん》かけてせっかくきたしな~…
まだすべりたい!
同《おな》じく
そうだな、ギリギリ行《い》けるか!
ちょっと待《ま》った
そうやって危険《きけん》を顧《かえり》みずに決行《けっこう》して起《お》こった事故《じこ》がたくさんあるんだよ!
だ、誰《だれ》かが脳《のう》に直接《ちょくせつ》っ…
ウウ
パパどしたの?
勇気《ゆうき》を出《だ》して中止《ちゅうし》するんだ

「せっかく来《き》たから」で大事故《だいじこ》に

ウェアも準備《じゅんび》して、家族《かぞく》みんなで休《やす》みを合《あ》わせて長《なが》い時間《じかん》かけて来《き》たから、「せっかく来《き》たんだからもっと遊《あそ》びたい！」って思《おも》う気持《きも》ちはよく分《わ》かる。でも、山《やま》の天気《てんき》は変《か》わりやすいから、今日《きょう》みたいな時《とき》に天気《てんき》のいい日《ひ》と同《おな》じように遊《あそ》んだら、事故《じこ》になっちゃう。ほら、吹雪《ふぶき》になってきた！ やめて良《よ》かったでしょ。

家族《かぞく》のレジャーはもちろん、学校《がっこう》や園《えん》や地域《ちいき》の行事《ぎょうじ》でも、天気《てんき》が悪《わる》くなってきて危険《きけん》かなと思《おも》っても、「ここまで準備《じゅんび》したから」「みんな楽《たの》しみにしてるから」「誰《だれ》もやめようって言《い》わないし」っていう理由《りゆう》で中止《ちゅうし》しなかったことで、多《おお》くの人《ひと》が事故《じこ》にあって、命《いのち》を落《お》としてきたんだ。

必《かなら》ず天気《てんき》チェック

自然《しぜん》の中《なか》では「今《いま》、ここ」は天気《てんき》が良《よ》くても、その後《あと》、急《きゅう》に変《か》わることがある。アウトドアレジャーの時《とき》は、アプリなどを使《つか》って、遊《あそ》んでいる場所《ばしょ》の周辺《しゅうへん》の天気《てんき》をチェックして。

川《かわ》の場合《ばあい》は、自分《じぶん》たちがいる場所《ばしょ》が晴《は》れていても、上流《じょうりゅう》で雨《あめ》が降《ふ》ると増水《ぞうすい》した水《みず》が鉄砲水《てっぽうみず》になって下流《かりゅう》に押《お》し寄《よ》せて来《き》てあっという間《ま》に流《なが》されてしまうこともあるから、上流《じょうりゅう》の天気《てんき》も必《かなら》ずチェック。ゲリラ豪雨《ごうう》で今《いま》までに経験《けいけん》したことのないほどの大雨《おおあめ》が降《ふ》ることもあるから「これくらい大丈夫《だいじょうぶ》」と思《おも》わないようにしてね！

そして暑《あつ》い時《とき》は熱中症《ねっちゅうしょう》にも注意《ちゅうい》。子《こ》どもは自分《じぶん》が熱中症《ねっちゅうしょう》だって分《わ》からなくて「疲《つか》れた」とか「眠《ねむ》たい」なんて表現《ひょうげん》したり、がまんしすぎて突然倒《とつぜんたお》れたりすることもあるから、パパママは子《こ》どものちょっとした変化《へんか》にも敏感《びんかん》になってね。

プランB、プランCを作《つく》ろう

子《こ》どもと一緒《いっしょ》に出かける時《とき》、大人《おとな》には「子《こ》どもの安全《あんぜん》を守《まも》る」っていう大事《だいじ》な役目《やくめ》がある。パパやママが立《た》ち入《い》り禁止《きんし》の場所《ばしょ》に入《はい》って行《い》ったり、遊泳禁止《ゆうえいきんし》の場所《ばしょ》で泳《およ》いだりしたらマネしちゃうし、天気《てんき》が悪《わる》いのに無理《むり》やり遊《あそ》ぼうとしたら、みんなが危険《きけん》な目《め》にあうから、やめる決断《けつだん》もしなきゃいけないよ。

これから、家族《かぞく》で遊《あそ》びに行《い》く時《とき》は、まずプランA、今日《きょう》みたいに天気《てんき》が悪《わる》くなってきたらプランBの温泉《おんせん》！ 温泉《おんせん》もダメだったらおいしいものを食《た》べに行《い》くプランC！ っていう風《ふう》に予定《よてい》をいくつか用意《ようい》しておいたらいいんじゃない？

さあ温泉行《おんせんい》こ〜！

POINT

- ☑「せっかく来《き》たから」で予定《よてい》を決行《けっこう》して、命《いのち》を落《お》とした人《ひと》がたくさんいるよ。
- ☑自然《しぜん》の中《なか》では天気《てんき》や水流《すいりゅう》が急《きゅう》に変《か》わることがある。天気《てんき》のチェックは必《かなら》ずしてね。
- ☑大人《おとな》は子《こ》どものお手本《てほん》。ルールを守《まも》るのはまず大人《おとな》から。
- ☑レジャーに行《い》く時《とき》はプランをいくつか持《も》っておき、天気《てんき》の変化《へんか》などに対応《たいおう》しよう。

〝女《おんな》の子《こ》だからケガをしない〟って本当《ほんとう》？

日曜《にちよう》の昼下《ひるさ》がり。
ハア～ 洗《あら》い物《もの》終《お》わり！ 男性陣《だんせいじん》が いないあいだに お高《たか》いチョコでも 食《た》べちゃお～
仕事《しごと》
公園《こうえん》
やった～！
プルルル
もしもし… は？救急隊《きゅうきゅうたい》!? ハイ、うちの息子《むすこ》です えー！骨折《こっせつ》の疑《うたが》い!? ホスピタル病院《びょういん》ですね すぐ向《む》かいます！
ホスピタル病院《びょういん》にて。
パパもきた
左足《ひだりあし》を骨折《こっせつ》… 具合《ぐあい》はどう？
いたいし きゅうくつだよ
ジャングルジムの てっぺんから 飛《と》び降《お》りるなんて… ミチルは そんなこと したことないのに
まあまあ、男《おとこ》の子《こ》だから 無茶《むちゃ》もするって 名誉《めいよ》の負傷的《ふしょうてき》な？
え？ 私《わたし》も骨折《こっせつ》 しましたけど？ 鉄棒《てつぼう》でぐるぐる 回《まわ》ってる時《とき》 落《お》ちて腕《うで》の骨《ほね》 折《お》りましたけど？
あ～！ そんなことも あったっけね
そ、そうだった？ (記憶《きおく》にない…)
わすれてたんかい
さ、お家《うち》へ帰《かえ》ろう。
家《いえ》の中《なか》でも 松葉杖《まつばづえ》かあ…
しばらく ガマンね
あー！これ高《たか》いチョコ！ ママとミチルだけで 食《た》べようとしてたね!?
バレた ごめん ごめん
男性陣《だんせいじん》も チョコ食《た》べ たいのよ♥
確《たし》かに男《おとこ》の子《こ》の ケガは多《おお》いけど、「男《おとこ》の子《こ》はケガを してもいい」って 思《おも》ってない？

女《おんな》の子《こ》だってケガをする

今《いま》は「男《おとこ》の子《こ》だから／女《おんな》の子《こ》だから〇〇しないといけない」っていう考《かん》え方《かた》はなくしていこうっていう時代《じだい》だね。でも、パパとママ、カケルとミチルを比《くら》べて、つい「ミチルは女《おんな》の子《こ》だから、大《おお》きなケガはしないし、放《ほう》っておいても大丈夫《だいじょうぶ》。」と思《おも》ってなかった？ 実際《じっさい》はどうなんだろう？

東京都《とうきょうと》のデータだと、救急車《きゅうきゅうしゃ》で運《はこ》ばれた子《こ》どもの人数《にんずう》を男女別《だんじょべつ》で比《くら》べると、1歳児《さいじ》は男《おとこ》の子《こ》が女《おんな》の子《こ》の1.3倍多《ばいおお》い。そこから年齢《ねんれい》が上《あ》がっても男《おとこ》の子《こ》が運《はこ》ばれる人数《にんずう》の方《ほう》が多《おお》いのは変《か》わらなくて、7歳《さい》から14歳《さい》のデータだと、男《おとこ》の子《こ》が女《おんな》の子《こ》の2.5倍《ばい》も多《おお》いんだ。だから、「男《おとこ》の子《こ》がケガをするリスクは、女《おんな》の子《こ》よりも高《たか》い」と言《い》えるんだよね。ケガをしやすい外遊《そとあそ》びやスポーツは男《おとこ》の子《こ》に人気《にんき》があるから、全体的《ぜんたいてき》に男《おとこ》の子《こ》のケガが多《おお》くて、女《おんな》の子《こ》はケガをしにくい遊《あそ》びの方《ほう》が好《す》きで、女《おんな》の子《こ》にケガが少《すく》ないのかも？

子《こ》どもの事故《じこ》がなぜ起《お》きるかについては色々《いろいろ》な面《めん》から考《かん》えられているけど、その中《なか》には「男《おとこ》の子《こ》は生《う》まれつき女《おんな》の子《こ》よりも危険《きけん》を好《この》む」っていう研究《けんきゅう》もあるんだ。でも、だからといって女《おんな》の子《こ》がケガをしないわけじゃない。遊具《ゆうぐ》では、女《おんな》の子《こ》の方《ほう》がケガをしているものもあるんだよ。例《たと》えば、小学校入学前《しょうがっこうにゅうがくまえ》の子《こ》どもは、ブランコやうんていでのケガ。小学校《しょうがっこう》5年生《ねんせい》ごろまでは鉄棒《てつぼう》や固定《こてい》タイヤのケガ。これは男《おとこ》の子《こ》より女《おんな》の子《こ》の方《ほう》がケガをした人数《にんずう》が多《おお》いから、女《おんな》の子《こ》だから放《ほう》っておいて大丈夫《だいじょうぶ》ということはないんだ。

「男《おとこ》らしさ、女《おんな》らしさ」の思《おも》い込《こ》み（ジェンダーバイアス）がケガにも表《あらわ》れている？

ケガが多《おお》い男《おとこ》の子《こ》だけど、「男《おとこ》の子《こ》も女《おんな》の子《こ》も、安全《あんぜん》や危険《きけん》の知識《ちしき》は同《おな》じくらい持《も》っている」という研究《けんきゅう》もある。男《おとこ》の子《こ》も女《おんな》の子《こ》も同《おな》じように危《あぶ》ないことが分《わ》かっているとしたら、ケガの人数《にんずう》は同《おな》じくらいになると思《おも》うんだけど…。

実《じつ》は、「男《おとこ》なら危険《きけん》な行動《こうどう》もした方《ほう》がいい」っていう社会《しゃかい》の空気《くうき》を読《よ》んで、男《おとこ》の子《こ》が危険《きけん》な行動《こうどう》をしてる可能性《かのうせい》もあると言《い》われているんだ。パパママも、男《おとこ》の子《こ》は女《おんな》の子《こ》より危《あぶ》ないことをしてもいい、ケガをしてもいいと思《おも》ってない？　ケガをした時《とき》に、女《おんな》の子《こ》には優《やさ》しくなぐさめるのに、男《おとこ》の子《こ》には「我慢《がまん》しなさい！」「それくらいで泣《な》かない！」とか言《い》ってない？　そういうパパやママの行動《こうどう》も、自分《じぶん》たちでは意識《いしき》していない「男《おとこ》らしさ、女《おんな》らしさ」の思《おも》い込《こ》み（ジェンダーバイアス）からきてるんだよ。

子《こ》どもによくあるケガの時《とき》でも、無意識《むいしき》に「男《おとこ》らしさ」や「女《おんな》らしさ」を当《あ》てはめるから男《おとこ》の子《こ》の方《ほう》がケガが多《おお》くなっているのかもしれないね。命《いのち》に関《かか》わる危険《きけん》な行動《こうどう》は男《おとこ》の子《こ》も女《おんな》の子《こ》もしないでほしい！思《おも》い込《こ》みを完全《かんぜん》になくすのは難《むずか》しいけど、子《こ》どもと接《せっ》している時《とき》にパパやママの考《かんが》えがかたよっていないか振《ふ》り返《かえ》ってみるのもいいと思《おも》うよ。

POINT

- 男《おとこ》の子《こ》がケガをするリスクは女《おんな》の子《こ》よりも高《たか》い。
- だからといって女《おんな》の子《こ》がケガをしないわけじゃない。
- 「男《おとこ》なら危険《きけん》な行動《こうどう》もした方《ほう》がいい」っていう社会《しゃかい》の空気《くうき》を読《よ》んで、男《おとこ》の子《こ》が危険《きけん》な行動《こうどう》をしている可能性《かのうせい》もあると言《い》われているよ。
- 大人《おとな》の行動《こうどう》も「男《おとこ》らしさ、女《おんな》らしさの思《おも》い込《こ》み」でかたよっている可能性《かのうせい》があるから、時々《ときどき》振《ふ》り返《かえ》ってみるのもいいと思《おも》うよ。

泳《およ》げる人《ひと》でも溺《おぼ》れる!?水辺《みずべ》の危険《きけん》

今日《きょう》はいい天気《てんき》。姉弟《きょうだい》で河川敷《かせんじき》に遊《あそ》びにきたよ。
つぎはフリスビーやろうよ～
おっけー
風強《かぜつよ》くなってきたからフリスビー飛《と》ばされないようにしなきゃ
あっ、さっそく…。
ビュオオオオォ
あ～っ!ぼくの帽子《ぼうし》いいい～
フリスビーより帽子《ぼうし》が大事《だいじ》なのね
帽子《ぼうし》だけ川《かわ》におちた
この川、浅《あさ》いわ私《わたし》が入《はい》って取《と》ってきてあげる
ほんと!?おねがい
麗《うるわ》しい姉弟愛《きょうだいあい》ですこと…
・・・とか感心《かんしん》してる場合《ばあい》じゃないわ!!
絶《ぜ》っ対入《たいはい》っちゃダメ――――!!

子《こ》どもの不慮《ふりょ》の事故死《じこし》、交通事故《こうつうじこ》に次《つ》いで多《おお》い〝溺《おぼ》れ〟

子《こ》どもの不慮《ふりょ》の事故死《じこし》で交通事故《こうつうじこ》の次《つぎ》に多《おお》いのが外《そと》での溺水《できすい》（溺《おぼ》れ）。中学生以下《ちゅうがくせいいか》の死者《ししゃ》・行方不明者《ゆくえふめいしゃ》は毎年《まいとし》30人前後《にんぜんご》、発生場所《はっせいばしょ》は河川《かせん》が大半《たいはん》なんだ。救助《きゅうじょ》されて助《たす》かったけど、もう少《すこ》しで命《いのち》が危《あぶ》なかった、という場合《ばあい》も含《ふく》めると毎年多《まいとしおお》くの子《こ》どもたちが溺《おぼ》れて怖《こわ》い思《おも》いをしているんだよ。

大人《おとな》と一緒《いっしょ》に行《い》っても事故《じこ》は起《お》こる

河川《かせん》は「自己責任《じこせきにん》の中《なか》での自由使用《じゆうしよう》」が原則《げんそく》。「立《た》ち入《い》り禁止《きんし》」とか「飛《と》び込《こ》み禁止《きんし》」みたいに危険《きけん》を知《し》らせる看板《かんばん》がないからそこは安全《あんぜん》だっていう保証《ほしょう》はないんだ。看板《かんばん》があるところに入《はい》っちゃいけないのは当然《とうぜん》だけど、看板《かんばん》がないところでも深《ふか》みがあったり、急《きゅう》に流《なが》れが速《はや》くなって流《なが》されちゃうようなところがあるから、水辺《みずべ》に行《い》く時《とき》は大人《おとな》と一緒《いっしょ》に行《い》かなきゃいけないよ。

その時大事《ときだいじ》なのは大人《おとな》が子《こ》どもから目《め》や手《て》を離《はな》さないこと！一緒《いっしょ》に行《い》っても子《こ》どもが溺《おぼ》れるのを防《ふせ》げないと意味《いみ》がないからね。

流《なが》された持《も》ち物《もの》を追《お》いかけない

カケルもミチルも、帽子《ぼうし》を拾《ひろ》いに行《い》きたい気持《きも》ちは分《わ》かるけど、取《と》りに行《い》ったら溺《おぼ》れちゃうかもしれない。それは絶対《ぜったい》いや！ 命《いのち》の方《ほう》が大切《たいせつ》だから、もし持《も》ち物《もの》が流《なが》されても川《かわ》に入《はい》って追《お》いかけちゃだめだよ！

スイミング行《い》ってるから溺《おぼ》れないよ～♪ なんて思《おも》っちゃだめ。自然《しぜん》の水辺《みずべ》は水泳《すいえい》のオリンピック選手《せんしゅ》でも溺《おぼ》れちゃうくらいだから、泳力《えいりょく》は関係《かんけい》ないんだ。

もしミチルが溺《おぼ》れたら⁉

もし、ミチルが溺《おぼ》れたらカケルは「助《たす》けたい！」って思《おも》って行《い》っちゃったかも…。でも、水難救助《すいなんきゅうじょ》の訓練《くんれん》をしていない人《ひと》は、絶対《ぜったい》に行《い》かないで！ 助《たす》けに入《はい》った人《ひと》が亡《な》くなることもあるからね。カケルとミチルに会《あ》えなくなったら、パパもママもクマちゃんも生《い》きていけないよ。飛《と》び込《こ》まずにすぐに１１９番《ばん》（※海《うみ》の時《とき》は１１８番《ばん》）通報《つうほう》するのが一般《いっぱん》の人《ひと》にできる一番《いちばん》の救助《きゅうじょ》だよ！

大人《おとな》も子《こ》どももライフジャケットを！

2人《ふたり》が溺《おぼ》れる姿《すがた》は見《み》たくない。持《も》ち物《もの》が流《なが》されないように、溺《おぼ》れないように備《そな》えておくことが一番大切《いちばんたいせつ》だよ。
水辺《みずべ》では大人《おとな》も子《こ》どももライフジャケットを着《き》よう。体重《たいじゅう》に合《あ》ったライフジャケットを、ベルトをきっちり締《し》めて、脱《ぬ》げにくい靴《くつ》を履《は》いて準備《じゅんび》ＯＫ！ かっこいいね！

POINT

- ☑屋外《おくがい》での溺水《できすい》（溺《おぼ》れ）事故死《じこし》は、交通事故死《こうつうじこし》に次《つ》いで多《おお》い。場所《ばしょ》は河川《かせん》が大半《たいはん》だよ。
- ☑河川《かせん》での事故《じこ》は「自己責任《じこせきにん》」で、誰《だれ》も保障《ほしょう》はしてくれない。
- ☑持《も》ち物《もの》が流《なが》されても追《お》いかけない。命《いのち》の方《ほう》が大切《たいせつ》だよ。
- ☑溺《おぼ》れている人《ひと》を見《み》ても、飛《と》び込《こ》んじゃダメ。慌《あわ》てず１１９番通報《ばんつうほう》しよう。
- ☑水辺《みずべ》に行《い》く時《とき》は、大人《おとな》も子《こ》どももライフジャケットを着《き》よう！

“柵《さく》があるから大丈夫《だいじょうぶ》”でもない!?

家族連《かぞくづ》れに人気《にんき》の海釣《うみづ》り公園《こうえん》にやってきた3人《にん》。
ミチルは来《こ》られなくて残念《ざんねん》だな〜
今《いま》ごろダンス頑張《がんば》ってるでしょ こっちもしっかり釣《つ》ってお土産《みやげ》にするわよ〜
ライジャケあつい〜着《き》なきゃダメ?
全員着《ぜんいんき》る! 昨夜《ゆうべ》また誰《だれ》かが直接《ちょくせつ》脳内《のうない》に警告《けいこく》してきたの
ぼくで〜す
さて、何《なに》を狙《ねら》う?
つみれ食《た》べたい! イワシ来《こ》い!
パパはチヌ狙《ねら》い
何《なに》をおいてもサバよ! 汎用性高《はんようせいたか》し
あっ、掛《か》かった! お、大《おお》きいぞ!
えっ! なんだろ
チョロチョロ
もしかしてサメとか?
みたいみたい
わ…えっ?
ドボン
きゃあああ 柵《さく》の間《あいだ》から海《うみ》に!
公園《こうえん》スタッフに知《し》らせてくる!
大丈夫《だいじょうぶ》、これにつかまって!
びっくりしたあ…
柵《さく》があったのに落《お》ちるなんて… ライジャケ着《き》ててよかった
ところでパパのアタリなんだったの?
タコだったよ のがしたけど
ミチルの好物《こうぶつ》なのに残念《ざんねん》だなあ
釣《つ》りに来《き》たのにまさかのダイビング…

柵《さく》の高《たか》さや幅《はば》はまちまち

クマちゃんたちに身近《みぢか》な柵《さく》といえばベランダ。建築基準法《けんちくきじゅんほう》でベランダの柵《さく》の高《たか》さは110cm以上《いじょう》、JIS規格《きかく》などで柵《さく》と柵《さく》の間《あいだ》（手摺子《てすりこ》の幅《はば》）は11cm以下《いか》って決《き》まっていて、そのルールを守《まも》って作《つく》られているんだ。

でも、今日《きょう》来た海釣《うみづ》り公園《こうえん》や公園《こうえん》の水辺《みずべ》などに設置《せっち》されている柵《さく》は、高《たか》さや幅《はば》の決《き》まりがないから、高《たか》いもの低《ひく》いもの、隙間《すきま》が狭《せま》いもの広《ひろ》いもの、場所《ばしょ》によって全然違《ぜんぜんちが》うんだ。カケルみたいに、そばに大人《おとな》がいても柵《さく》からすり抜《ぬ》けて落《お》ちてしまう事故《じこ》も起《お》きてるから、柵《さく》があるかないか、柵《さく》があっても高《たか》さや幅《はば》は大丈夫《だいじょうぶ》かチェックして遊《あそ》んでね。ライフジャケットも必須《ひっす》だよ！

ため池《いけ》や用水路《ようすいろ》

カケルやミチルが普段生活《ふだんせいかつ》しているエリアにも、とても危険《きけん》な

ライフジャケットを着用《ちゃくよう》しよう

手摺子《てすりこ》がなく、隙間《すきま》が広《ひろ》い柵《さく》

のに柵《さく》がない場所《ばしょ》があるよ。例《たと》えば、ため池《いけ》や用水路《ようすいろ》、川《かわ》。ため池《いけ》や用水路《ようすいろ》は、農業《のうぎょう》などに使《つか》うために作《つく》られたもので、人《ひと》が入《はい》ることは考《かんが》えられていないんだ。だから、ため池《いけ》に落《お》ちると足《あし》が滑《すべ》って大人《おとな》でも地上《ちじょう》に上《あ》がれないし、流《なが》れが速《はや》い用水路《ようすいろ》に入《はい》ると溺《おぼ》れて流《なが》されてしまうよ。

昔《むかし》から地域《ちいき》にあるものだから、危険《きけん》を感《かん》じなくて釣《つ》りや生《い》き物《もの》を探《さが》しに行《い》く人《ひと》もいるけど、なるべく近付《ちかづ》かない方《ほう》がいいし、もし近付《ちかづ》く時《とき》は準備《じゅんび》（64〜67ページ参照《さんしょう》）が必要《ひつよう》だからね。

身近《みぢか》にあるのに、ちょっとバランスを崩《くず》して落《お》ちてしまったら命《いのち》を失《うしな》うような場所《ばしょ》ってホント怖《こわ》いよね！　落《お》ちても命《いのち》が助《たす》かるように、全国《ぜんこく》で柵《さく》やネットをつけてほしいなあ。

柵《さく》がないため池《いけ》
（写真提供《しゃしんていきょう》；一般社団法人水難学会《いっぱんしゃだんほうじんすいなんがっかい》）

柵《さく》がない用水路《ようすいろ》

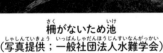

公共施設《こうきょうしせつ》やショッピングセンターでも

他《ほか》にも、公共《こうきょう》の施設《しせつ》や学校《がっこう》でも、通風口《つうふうこう》や吹《ふ》き抜《ぬ》け、天窓《てんまど》から子《こ》どもが落《お》ちる事故《じこ》も起《お》きている。みんながよく行《い》くショッピングセンターでも、ショッピングカートやエスカレーターから落《お》ちる事故《じこ》も多《おお》いよ。

カートに乗《の》る時《とき》は年齢制限《ねんれいせいげん》を守《まも》って、ベルトがあればベルトをしてね！　エスカレーターはとても危《あぶ》ないから、小《ちい》さい子《こ》は手《て》をつないで、走《はし》ったり手《て》すりから外《そと》に身《み》を乗《の》り出《だ》したりしないように大人《おとな》は目《め》を離《はな》さないでね！

POINT

- ☑水辺《みずべ》などに設置《せっち》されている柵《さく》は高《たか》さや幅《はば》の決《き》まりがないから、高《たか》いもの低《ひく》いもの、隙間《すきま》が狭《せま》いもの広《ひろ》いもの、場所《ばしょ》によって全然違《ぜんぜんちが》うんだ。
- ☑危険《きけん》なのに柵《さく》がない、ため池《いけ》や用水路《ようすいろ》などにはなるべく近付《ちかづ》かない方《ほう》がいい。
- ☑ショッピングカートやエスカレーターからの転落事故《てんらくじこ》にも注意《ちゅうい》しよう。

引《ひ》っかかりを防《ふせ》げ!! 遊《あそ》ぶ時《とき》は手《て》ぶらで身軽《みがる》に

久しぶりの晴天《せいてん》、喜《よろこ》び勇《いさ》んで公園《こうえん》へ向《む》かうカケル。
リュックにクマちゃんと水筒《すいとう》入《い》れて…あれ？縄跳《なわと》び入《はい》らないや手《て》に持《も》ってこ
自転車《じてんしゃ》でしょ？ヘルメット忘《わす》れないでね
ハイハイいってきま～す！
DASH!
公園《こうえん》へ到着《とうちゃく》。急《いそ》いで来《き》たから靴《くつ》ひも緩《ゆる》んでるし！
自転車《じてんしゃ》とめて…と地面《じめん》濡《ぬ》れてるから荷物《にもつ》はこのまま持《も》っとこ
遊《あそ》ぼ～…うわっ
ズコー
言《い》わんこっちゃない靴《くつ》ひも踏《ふ》んでこけちゃった！
他《ほか》にもいろいろ危《あぶ》ないよ！
緩《ゆる》んだ靴《くつ》ひも結《むす》ぶ！リュックは下《お》ろす！ヘルメット脱《ぬ》ぐ！縄跳《なわと》びも置《お》く！今《いま》のままじゃ遊具《ゆうぐ》に引《ひ》っかかる未来《みらい》しか見《み》えない
の、脳内《のうない》にすごい圧《あつ》を感《かん》じる…
靴《くつ》ひも結《むす》んでリュック、ヘルメット、縄跳《なわと》び置《お》いて…と
よ～し！遊《あそ》ぶぞ！
そう、それでいいんださ、楽《たの》しく遊《あそ》ぼう

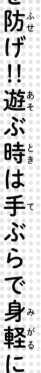

首《くび》吊《つ》り状態《じょうたい》になる危険《きけん》！

チャイルドシートやヘルメットのベルトはとっても大事《だいじ》なのは前《まえ》にも言《い》ったけど、自転車《じてんしゃ》から降《お》りた時《とき》のヘルメットは話《はなし》が別《べつ》！　脱《ぬ》がないと危険《きけん》なんだ。すぐ遊《あそ》びたくてランドセルやリュックを背負《せお》ったまま遊具《ゆうぐ》に行《い》っちゃうかもしれないけど、背中《せなか》から下《お》ろして、肩《かた》がけカバンや縄跳《なわと》びもそばに置《お》いておこう。ヘルメットのあごひもや、ランドセルやリュックのショルダー部分《ぶぶん》が遊具《ゆうぐ》に引《ひ》っかかって宙吊《ちゅうづ》りになる事故《じこ》が起《お》こっているよ。例《たと》えば、

- ☑ヘルメットをかぶったままうんていで遊《あそ》んでいたら、鉄棒《てつぼう》と鉄棒《てつぼう》の間《あいだ》に引《ひ》っかかる
- ☑ランドセルを背負《せお》ったまま、パイプが格子状《こうしじょう》になっている遊具《ゆうぐ》で遊《あそ》んでいて、パイプの間《あいだ》に首《くび》とランドセルがはさまる
- ☑滑《すべ》り台《だい》で遊《あそ》んでいる時《とき》、持《も》ってきた縄跳《なわと》びのひもが首《くび》に引《ひ》っかかる

滑《すべ》り台《だい》での首吊《くびつ》り状態《じょうたい》の例《れい》

どれも、首《くび》が締《し》まって命《いのち》に関《かか》わる事故《じこ》だよ。

え？水筒《すいとう》も？

水分補給《すいぶんほきゅう》は大切《たいせつ》で欠《か》かせないものだけど、水筒《すいとう》でも事故《じこ》は起《お》こってるんだ。水筒《すいとう》を肩《かた》にかけて走《はし》っていたら、転《ころ》んで水筒《すいとう》がおなかの下敷《したじ》きになって、内臓《ないぞう》が傷《きず》ついたり、胸《むね》を強《つよ》く打《う》って失神《しっしん》したっていう例《れい》もあるんだ。

振《ふ》り回《まわ》して遊《あそ》んで、周《まわ》りの子《こ》にケガをさせる事故《じこ》もたくさん起《お》こっているから、水筒《すいとう》は遊《あそ》ぶ時《とき》は置《お》いておいて、絶対《ぜったい》に振《ふ》り回《まわ》さないこと！

靴《くつ》ひももぎゅっと！

カケル、靴《くつ》のサイズは合《あ》ってる？ パパママは靴《くつ》も大《おお》きめサイズを買《か》いたくなるけど、脱《ぬ》げやすいと転《ころ》んだり足《あし》を痛《いた》めやすいから、ぴったりサイズを選《えら》んでね！

靴《くつ》ひもがほどけて遊具《ゆうぐ》に引《ひ》っかかったり、自分《じぶん》で踏《ふ》んづけて転《ころ》ぶこともあるから、靴《くつ》ひもやマジックテープはぎゅっと締《し》めて足《あし》を固定《こてい》して！ 動《うご》きやすいし足《あし》にもいいんだよ。

めんどくさくても、遊《あそ》ぶ時《とき》は引《ひ》っかかりやすいひも類《るい》、ベルト類《るい》は身《み》に着《つ》けないでほしい。114ページで出《で》てくるけど、服《ふく》のひもにも注意《ちゅうい》ね！

パパママも遊《あそ》ぶ前《まえ》に子《こ》どもの荷物《にもつ》は持《も》ってあげて、他《ほか》の子《こ》どもでも、危《あぶ》ないなと思《おも》ったら注《ちゅう》意《い》してあげてほしいな。クマちゃんはみんなに楽《たの》しく遊《あそ》んでほしいんだ♪

POINT

- ☑ ヘルメットやランドセル・縄跳《なわと》びなど、ひも状《じょう》のものを身《み》につけたまま遊《あそ》んでいて、首《くび》が締《し》まって命《いのち》に関《かか》わる事故《じこ》が起《お》きている。
- ☑ 水筒《すいとう》も遊《あそ》ぶ時《とき》は置《お》いておいて、絶対《ぜったい》に振《ふ》り回《まわ》さないようにしよう。
- ☑ 靴《くつ》はぴったりサイズを選《えら》び、靴《くつ》ひもやマジックテープはぎゅっと締《し》めておこう。
- ☑ 大人《おとな》は、遊《あそ》ぶ前《まえ》に子《こ》どもの荷物《にもつ》を持《も》ってあげてね。

楽《たの》しいはずの駅《えき》には危険《きけん》もいっぱい!?

電車《でんしゃ》に乗《の》って ちょっと遠《とお》くの水族館《すいぞくかん》に向《む》かうパパとカケル。
もちろん僕《ぼく》も
私《わたし》たちは映画《えいが》で～す
水族館《すいぞくかん》ひさしぶり
水族館《すいぞくかん》で何見《なにみ》たい?
タカアシガニ!
へ、へぇ～ そうきたか
さ、乗《の》り換《か》えだよ～
うん!
ピコン
げ。会社《かいしゃ》からメールだ トラブルって…これはややこしい案件《あんけん》…
わ、特急《とっきゅう》きた かっこいい～
チョロ チョロ
電車《でんしゃ》に近《ちか》づきすぎ～!
ピコン
え、まただよ う～ん、返信《へんしん》、と…
ビョーン
なんだろ このロープ
ロープ式《しき》ホーム柵《さく》にぶら下《さ》がらない!
ピコン
もう!なんだよ! いいかげんにしろ～ ※&▲$♂☀#♠∞
返信《へんしん》に全集中《ぜんしゅうちゅう》!
向《む》かいのホームに違《ちが》う特急《とっきゅう》きた! エスカレーター乗《の》ればいけるな! よし、見《み》に行《い》こう
パパ～!! 気《き》づいて!!
ふう～、やっと一段落《いちだんらく》…って、、
あれー!?カケル どこいった!? カケル!カケル!
うわあ、知《し》らない間《あいだ》に 何《なん》で向《む》かいのホームにいるんだあああ
瞬間移動《しゅんかんいどう》!?
ひとりできたの? えらいねぇ
タカアシガニみにいくんだ♪
しかもほめられてまんざらでもなさそう!
駅《えき》には危険《きけん》がいっぱい。パパも目《め》を離《はな》さないで。他人《たにん》は誰《だれ》も心配《しんぱい》してくれないよ!

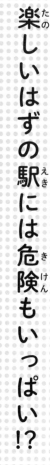

電車《でんしゃ》も見《み》たい、柵《さく》があれば触《さわ》りたい！

駅《えき》っていろんなものがあって面白《おもしろ》いよね。電車《でんしゃ》もかっこいい！ でも、近《ちか》くで見《み》たいからって電車《でんしゃ》に近寄《ちかよ》るのはとっても危険《きけん》。ホームドアやロープ型《がた》のホーム柵《さく》がある駅《えき》も増《ふ》えてるけど、子《こ》どもはそのホームドアにも触《さわ》ったり、ロープにぶら下《さ》がったりしたくてたまらないし、ボタンがあれば押《お》したくなっちゃうものなんだ。じっとしててって言《い》われても、目《め》の前《まえ》に魅《み》力的《りょくてき》なものがあると忘《わす》れちゃうよね。

電車《でんしゃ》を待《ま》ってる間《あいだ》子《こ》どもを見《み》ていない人《ひと》、子《こ》どもを置《お》いてタバコを吸《す》いに行《い》ってる人《ひと》、いない？ パパやママは子《こ》どもが危険《きけん》な目《め》にあわないようにしっかり見《み》ておいてほしいんだ。

電車《でんしゃ》の乗《の》り降《お》りの時《とき》も、ホームと電車《でんしゃ》の隙間《すきま》が広《ひろ》くて、子《こ》どもの足《あし》や身体《からだ》がはまっちゃうこともよく起《お》きてるから、小《ちい》さい子《こ》は手《て》をつないでね！

大人《おとな》の行動《こうどう》にも危険《きけん》が

子《こ》どもと一緒《いっしょ》のお出《で》かけの時《とき》、子《こ》どもを乗《の》せたベビーカーを持《も》ち上《あ》げて階段《かいだん》を下《お》りたり、エスカレーターを使《つか》う人《ひと》もよく見《み》かけるなあ。子《こ》どもが寝《ね》てるから起《お》こしたくないとか、荷物《にもつ》があるから赤《あか》ちゃんの抱《だ》っこは大変《たいへん》…っていう事情《じじょう》も分《わ》かるよ！　でも、ちょっとつまずいたり何《なに》かに当《あ》たってバランスを崩《くず》すと、その子《こ》の命《いのち》に関《かか》わるんだ。面倒《めんどう》でも、駅員《えきいん》さんや周《まわ》りの人《ひと》に手伝《てつだ》ってもらうようにしてほしい。そして、手伝《てつだ》ってもらう時《とき》も必《かなら》ずベビーカーから赤《あか》ちゃんは降《お》ろそうね。

たたんだ傘《かさ》の運《はこ》び方《かた》にも注意《ちゅうい》してね。床《ゆか》と水平《すいへい》に持《も》つと子《こ》どもの顔《かお》の近《ちか》くに傘《かさ》の先《さき》がきて危《あぶ》ないよ！

クマちゃんは、子《こ》どもにやさしくできる人《ひと》をどんどん増《ふ》やしていくよ〜！

人《ひと》は意外《いがい》と見《み》ていない

駅《えき》にはたくさんの人《ひと》の目《め》があると思《おも》っちゃうけど、子《こ》どもがウロウロしていたり、酔《よ》っ払《ぱら》いがホームから転落《てんらく》したり、高齢《こうれい》の人《ひと》がつまずいたり…事故《じこ》が起《お》きてから慌《あわ》てて人《ひと》が駆《か》け寄《よ》るっていうこと、よくあるんだ。周囲《しゅうい》にはたくさんの人《ひと》がいるはずなのに、事故《じこ》が起《お》きる前《まえ》に誰《だれ》も気付《きづ》けないのはなぜなんだろう？

それは多《おお》くの人《ひと》がスマホやおしゃべりに集中《しゅうちゅう》していて危険《きけん》のサインや事故《じこ》の瞬間《しゅんかん》を見《み》てい

ないからなんだ。子《こ》どもが1人《ひとり》でいると連《つ》れ去《さ》りもあるかもしれない。だから、「危《あぶ》ないことをしても誰《だれ》かが注意《ちゅうい》してくれるだろう」とか、「周《まわ》りに人《ひと》がいるから大丈夫《だいじょうぶ》」とか思《おも》わずに、自分《じぶん》の子《こ》どもは自分《じぶん》が守《まも》る。目《め》を離《はな》さないようにしないとね。

POINT

☑ 駅《えき》は子《こ》どもにとって魅力《みりょく》がいっぱいでじっとしていられない。だから、大人《おとな》は子《こ》どもが危険《きけん》な目《め》にあわないようにしっかり見《み》ておいてほしいんだ。

☑ ベビーカーに子《こ》どもを乗《の》せたまま階段《かいだん》などを使《つか》っていて、バランスを崩《くず》したら子《こ》どもの命《いのち》に関《かか》わるよ。周囲《しゅうい》の人《ひと》に手伝《てつだ》ってもらおう。

☑ 多《おお》くの人《ひと》がスマホなどに夢中《むちゅう》で人《ひと》のことを見《み》ていない。自分《じぶん》の子《こ》どもは自分《じぶん》で守《まも》ろう。

交通事故《こうつうじこ》にあってしまったら・起《お》こしてしまったら

返却期限《へんきゃくきげん》が迫《せま》った本《ほん》を返《かえ》しに図書館《としょかん》へ向《む》かうカケル。
やばいぞ 閉館時間《へいかんじかん》まで あと少《すこ》し…
のろのろ
チラッ
細《ほそ》い道《みち》から 車《くるま》きてるけど ゆっくりだし 止《と》まるよね いそげ!
DASH!
待《ま》って! その車《くるま》、完全《かんぜん》には止《と》まってない!
えっえっ 止《と》まらない…わわわ
コッン!
ズサーッ
ゆっくりだけど 左折《させつ》に巻《ま》き込《こ》まれて 後《うし》ろ向《む》きにこけた!
きみ! 大丈夫《だいじょうぶ》か!
は…い、大丈夫《だいじょうぶ》 すりむいただけ
もう行《い》っていい? 図書館閉《としょかんし》まっちゃう
警察《けいさつ》に知《し》らせるから ちょっと待《ま》って 頭打《あたまう》った?
こけた時《とき》に少《すこ》しだけ
じゃ救急車呼《きゅうきゅうしゃよ》ぶね 起《お》きたらダメ 歩道《ほどう》に横《よこ》になってて
ええ…救急車《きゅうきゅうしゃ》? 図書館閉《としょかんし》まっちゃう
守《まも》りきれなかった… 大事故《だいじこ》にならなくて よかったけど
警察《けいさつ》です 事故《じこ》の状況《じょうきょう》を教《おし》えてください
合流《ごうりゅう》に気《き》を取《と》られて 右側《みぎがわ》しか見《み》てませんでした…
救急車《きゅうきゅうしゃ》きちゃった… ちょっと転《ころ》んだ だけなのに… 図書館《としょかん》…(以下省略《いかしょうりゃく》)
ピーポー ピーポー
きちんと警察《けいさつ》や 救急《きゅうきゅう》に連絡《れんらく》する のは正《ただ》しいよ! 2人《ふたり》ともそこを 立《た》ち去《さ》らないで

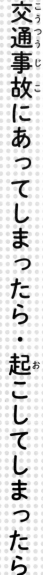

被害者《ひがいしゃ》の場合《ばあい》～軽傷《けいしょう》でも立《た》ち去《さ》らない～

交通事故《こうつうじこ》はあわないことが一番《いちばん》いいけど、万《まん》が一事故《いちじこ》にあってしまったらどうしたらいいと思《おも》う？

大《おお》きな事故《じこ》だと、相手《あいて》の人《ひと》や周《まわ》りの人《ひと》がすぐに１１０番《ばん》や１１９番通報《ばんつうほう》するだろうけど、軽《かる》い事故《じこ》の時《とき》には、そのまま徒歩《とほ》や自転車《じてんしゃ》に乗《の》ってどこかに行《い》ってしまう子《こ》もいるんだ。赤信号《あかしんごう》なのに道路《どうろ》を渡《わた》っていたり、急《きゅう》に飛《と》び出《だ》したり、自分《じぶん》でも悪《わる》かったなって思《おも》う時《とき》は特《とく》に、「先生《せんせい》やパパママに叱《しか》られるかも」「警察《けいさつ》につかまるかも」って怖《こわ》くなって、思《おも》わず「大丈夫《だいじょうぶ》です」って言《い》っちゃうかもしれないね。

でも、交通事故《こうつうじこ》って、目《め》に見《み》えないところでケガをしていたり、その時《とき》は大丈夫《だいじょうぶ》に思《おも》えても、後《あと》になって症状《しょうじょう》が出《で》ることもある。大丈夫《だいじょうぶ》だと思《おも》っても、事故《じこ》が起《お》きたら警察《けいさつ》へ報告《ほうこく》しないといけない決《き》まりなんだ。

もし携帯電話《けいたいでんわ》を持《も》ってたら、パパママに連絡《れんらく》してね。持《も》っていない時《とき》は相手《あいて》の人《ひと》からパパママにも連絡《れんらく》してもらえるようにお願《ねが》いしよう。もし、相手《あいて》の人《ひと》がいなくなっても、近《ちか》くの人《ひと》やお店《みせ》で電話《でんわ》を借《か》りたりして、連絡《れんらく》は忘《わす》れないで。交番《こうばん》があれば交番《こうばん》に行《い》こう。難《むずか》しいかもしれないけど、できれば車《くるま》のナンバー、色《いろ》や形《かたち》を覚《おぼ》えておいて伝《つた》えてね。

加害者《かがいしゃ》の場合《ばあい》〜救護《きゅうご》と報告《ほうこく》〜

もし、パパママ、おじいちゃんおばあちゃんが車《くるま》を運転《うんてん》していて、子《こ》どもとぶつかってしまったら、慌《あわ》てて車《くるま》を降《お》りて「大丈夫《だいじょうぶ》？」って駆《か》け寄《よ》ると思《おも》う。その時《とき》に子《こ》どもが「大丈夫《だいじょうぶ》」って言《い》ったら、あーよかったー！ってホッとするよね。でも、そこで安心《あんしん》して立《た》ち去《さ》ってしまうのは絶対《ぜったい》ダメ！後《あと》になって「自動車運転処罰法違反《じどうしゃうんてんしょばつほういはん》（過失傷害《かしつしょうがい》）」や「道路交通法違反《どうろこうつうほういはん》（ひき逃《に》げ）」で逮捕《たいほ》されることもあるんだよ。

交通事故《こうつうじこ》を起《お》こした人《ひと》には、「負傷者《ふしょうしゃ》を救護《きゅうご》する（助《たす》け、保護《ほご》する）義務《ぎむ》」と「事故発生《じこはっせい》を警察《けいさつ》に報告《ほうこく》する義務《ぎむ》」があって、その義務《ぎむ》を果《は》たさないで現場《げんば》を立《た》ち去《さ》ると、刑事処罰《けいじしょばつ》の対象《たいしょう》になっちゃうんだ。

子《こ》どもの中《なか》には「大丈夫《だいじょうぶ》？」って大人《おとな》に聞《き》かれたら、突然《とつぜん》のことで自分《じぶん》の状況《じょうきょう》が分《わ》からなくて「大丈夫《だいじょうぶ》」ってオウム返《がえ》ししてしまう子《こ》もいる。だから、子《こ》どものケガが軽《かる》く見《み》えて、自《じ》力《りき》で歩《ある》けたとしても、「救護《きゅうご》と報告《ほうこく》の義務《ぎむ》」は果《は》たさないといけないよ。子《こ》どもをほかの車《くるま》が来《こ》ない安全《あんぜん》な場所《ばしょ》に移動《いどう》させて、すぐに110番《ばん》をしよう！

「自分《じぶん》は事故《じこ》なんかしないから関係《かんけい》ない」って思《おも》わないで、安全運転《あんぜんうんてん》を心《こころ》がけて、事故《じこ》を起《お》こしてしまった時《とき》の対応《たいおう》も覚《おぼ》えておいてね！

POINT

- ☑ 交通事故《こうつうじこ》にあったら、「大丈夫《だいじょうぶ》です」と立《た》ち去《さ》らず、警察《けいさつ》に連絡《れんらく》しよう。
- ☑ 交通事故《こうつうじこ》を起《お》こしてしまったら、相手《あいて》のケガが軽《かる》く見《み》えたとしても「負傷者《ふしょうしゃ》を救護《きゅうご》する義務《ぎむ》」と「事故発生《じこはっせい》を警察《けいさつ》に報告《ほうこく》する義務《ぎむ》」を果《は》たそう。
- ☑ 義務《ぎむ》を果《は》たさないで現場《げんば》を立《た》ち去《さ》ると、刑事処罰《けいじしょばつ》の対象《たいしょう》になっちゃうんだ。

コラム 2

「子《こ》どもは親《おや》の背中《せなか》を見《み》て育《そだ》つ」って本当《ほんとう》？

やりぬく力《ちから》〝GRIT〟という言葉《ことば》を聞《き》いたことはありませんか？

〝GRIT〟はIQよりも将来的《しょうらいてき》な成功《せいこう》を予測《よそく》すると考《かんが》えられているくらい、人生《じんせい》において重要《じゅうよう》な要素《ようそ》のひとつ。

子《こ》どもを対象《たいしょう》にした研究《けんきゅう》では、GRITの中《なか》でも特《とく》に「粘《ねば》り強《づよ》さ」——困難《こんなん》なことに対《たい》して諦《あきら》めずに頑張《がんば》ることができるか——について調《しら》べられています。粘《ねば》り強《づよ》さは成長《せいちょう》を支《ささ》える大切《たいせつ》な力《ちから》です。では、どうすれば子《こ》どもの粘《ねば》り強《づよ》さを育《はぐく》むことができるのでしょう？

これまでの研究《けんきゅう》では、1歳《さい》3カ月《かげつ》の子《こ》どもに、中《なか》におもちゃが入《はい》っている容器《ようき》を見《み》せて、大人《おとな》が容器《ようき》からおもちゃを取《と》り出《だ》そうと何度《なんど》もチャレンジして成功《せいこう》する様子《ようす》を見《み》た時《とき》に、子《こ》どもも粘《ねば》り強《づよ》くなった、という結果《けっか》が報告《ほうこく》されています。ポイントは、簡単《かんたん》に成功《せいこう》した様子《ようす》を見《み》せても粘《ねば》り強《づよ》くならないということ。「子《こ》どもは親《おや》の背中《せなか》を見《み》て育《そだ》つ」と言《い》われますが、その言葉通《ことばどお》り、一生《いっしょう》懸命《けんめい》な姿《すがた》を見《み》せることで子《こ》どもは頑張《がんば》ることの大切《たいせつ》さを学《まな》んでいます。

さらに、親《おや》が「子《こ》どもが自分《じぶん》からすすんでやる行動《こうどう》を待《ま》てるか？」も粘《ねば》り強《づよ》さを育《はぐく》むには重要《じゅうよう》です。子《こ》どもは2歳《さい》ごろから自分《じぶん》でしたいことが増《ふ》えてきます。自《じ》分《ぶん》で着替《きが》えたい、自分《じぶん》で靴《くつ》をはきたい…と色々《いろいろ》なことに挑戦《ちょうせん》しようとします。子《こ》どもの成長《せいちょう》は嬉《うれ》しいことですが、親《おや》が忙《いそが》しい時《とき》、急《いそ》いでいる時《とき》、子《こ》どもがやり終《お》えるまで待《ま》てず、ついやってしまう…でも、近年《きんねん》、これは子《こ》どもの粘《ねば》り強《づよ》さを下《さ》げることがわかっています。手伝《てつだ》いたい気持《きも》ちを抑《おさ》えて、なるべく待《ま》ってあげましょう。

他《ほか》にも、当《あ》たり前《まえ》に思《おも》われるかもしれませんが、子《こ》どもをほめることも大切《たいせつ》です。1歳半《さいはん》の子《こ》どもを対象《たいしょう》にした研究《けんきゅう》では、「とってもかしこいね」とその子《こ》の能力《のうりょく》をほめるよりも、「本当《ほんとう》に頑張《がんば》ってるね」というように、「努力《どりょく》したことをほめる」ことが、子《こ》どもの粘《ねば》り強《づよ》さにつながることがわかりました。

親《おや》の普段《ふだん》の態度《たいど》が子《こ》どもの粘《ねば》り強《づよ》さに影響《えいきょう》を与《あた》えると分《わ》かると、行動《こうどう》が変《か》わりますね！

第2章 屋内の危険

思《おも》わぬ"はさまれ"にご用心《ようじん》

ある日《ひ》の夕方《ゆうがた》。
ガチャ
ただいま〜
おかえり〜
ママ〜！これ見《み》て！
ぬうあにいい その指《ゆび》！まぁた何《なに》かやらかした!?
なんでおこる…
そんなに怒《おこ》らなくても…まあ、やっと骨折治《こっせつなお》った※ばかりだしね…
※60ページみてね
なんで・こんな・ことに…？
昼休《ひるやす》みに理科室《りかしつ》で鬼《おに》ごっこしてたんだよ僕《ぼく》が鬼《おに》でね
逃《に》げてた友達《ともだち》にバーン！ってドア閉《し》められて指《ゆび》はさんだんだ
いたー！
(保健室《ほけんしつ》にて) 指《ゆび》、曲《ま》げられる？ できるね 骨《ほね》は折《お》れてないし大丈夫《だいじょうぶ》
…って流《なが》れです…
ああそれ、私《わたし》のクラスの男子《だんし》もトイレで同《おな》じことやらかしてたよ
ていうかなんで校内《こうない》で鬼《おに》ごっこすんの？
？
鬼《おに》ごっこやるなら外《そと》でしょお〜！ドアには注意《ちゅうい》って家《いえ》でも普段《ふだん》から言《い》ってるじゃない
ぎゃん ぎゃん
そもそも鬼《おに》がドアに捕《つか》まってどうすんの
ママが鬼《おに》になった
そ、そこ〜!?
最悪《さいあく》、指《ゆび》を切断《せつだん》する事故《じこ》も起《お》きてる。ドアは乱暴《らんぼう》に扱《あつか》っちゃダメ！

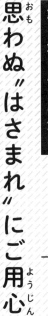

一番多《いちばんおお》いのは手動《しゅどう》ドアの「はさまれ」

指《ゆび》がはさまれる事故《じこ》って子《こ》どもにも大人《おとな》にも多《おお》いんだ。例《たと》えば、

- ほかの人《ひと》が閉《し》めたドアで指《ゆび》をはさむ（わざとじゃない時《とき》も多《おお》いよ！）
- ふざけて思《おも》いきりドアや引《ひ》き出《だ》しを閉《し》めて自分《じぶん》の指《ゆび》をはさむ
- 隙間《すきま》や穴《あな》に指《ゆび》が入《はい》ったまま転《ころ》んで骨折《こっせつ》
- 上《うえ》から物《もの》が落《お》ちてきて指《ゆび》が下敷《したじ》きに

とかケースも色々《いろいろ》だけど、子《こ》ども の「はさまれ」の原因《げんいん》で多《おお》いのは「手動《しゅどう》ドア」。特《とく》に自分《じぶん》が住《す》んでいる住宅《じゅうたく》の手動《しゅどう》ドアではさまれることが多《おお》くて、指《ゆび》を切断《せつだん》することもあるんだよ。

小《ちい》さい頃《ころ》はパパママが、家《いえ》のドアの隙間《すきま》に指《ゆび》が入《はい》らないようにガードを付《つ》けたり、ケガをしないように工夫《くふう》するけど、子《こ》どもが大《おお》きくなるにつれてガードが取《と》れてくることもあるし、注《ちゅう》意《い》だね。「ちょうつがい」とドアの隙間《すきま》は特《とく》に危《あぶ》ないよ！

その他《ほか》の「はさまれ」

子《こ》どもの普段《ふだん》の生活《せいかつ》の中《なか》には、こんな「はさまれ」も。

☑エレベーター

ドアが開《あ》いた時《とき》に戸袋《とぶくろ》に手《て》が引《ひ》き込《こ》まれる

☑エスカレーター

乗《の》っている時《とき》に転《ころ》んで指《ゆび》をはさまれる、ベルト（手《て》すり）の巻《ま》き込《こ》み部分《ぶぶん》に指《ゆび》がはさまって抜《ぬ》けなくなる、サンダルや靴《くつ》が巻《ま》き込《こ》まれ足《あし》をケガする

☑電車《でんしゃ》

ドアが開《あ》いた時《とき》に戸袋《とぶくろ》に手《て》が引《ひ》き込《こ》まれる、ドアに服《ふく》や荷物《にもつ》のひも等《など》がはさまる

☑自動車《じどうしゃ》のパワーウィンドウ

大人《おとな》が安全確認《あんぜんかくにん》せず操作《そうさ》して子《こ》どもの指《ゆび》がはさまれる、子《こ》どもがスイッチで遊《あそ》んでいてはさまれる、閉《し》まっていくウィンドウに手《て》を突《つ》っ込《こ》んではさまれる

☑自転車《じてんしゃ》のスポーク

大人《おとな》が子《こ》どもを荷台《にだい》に乗《の》せて走《はし》り、子《こ》どもの足《あし》がはさまれる（子《こ》どもを荷台《にだい》に乗《の》せるのはそもそも違反《いはん》）

他《ほか》には、自動車《じどうしゃ》の窓《まど》やサンルーフから顔《かお》や手《て》を車外《しゃがい》に出《だ》して走《はし》っていて壁《かべ》や高架下《こうかした》にぶつかっ

たり、洗濯機《せんたくき》の下《した》の隙間《すきま》に手《て》を入《い》れて、洗濯機《せんたくき》の回転部分《かいてんぶぶん》で指《ゆび》を切断《せつだん》する事故《じこ》も起《お》きてるよ。

子《こ》どもに教《おし》えて、大人《おとな》も確認《かくにん》

生活《せいかつ》の中《なか》で、大人《おとな》では入《はい》らないところでも、子《こ》どもの体《からだ》や手《て》だとすぽっと入《はい》る隙間《すきま》が空《あ》いていることがあるんだよね。つい遊《あそ》びたくなっちゃう。

大人《おとな》は、「はさまれ」の危険《きけん》を見《み》つけたら、ガードやロックをして。そして、そのたびになぜそこが危《あぶ》ないか子《こ》どもに教《おし》えてあげてね（根気強《こんきづよ》く教《おし》える大切《たいせつ》さは52〜55ページ参照《さんしょう》）。

でも、車《くるま》のパワーウィンドウや自転車《じてんしゃ》のスポークの事故《じこ》は、大人《おとな》の不注意《ふちゅうい》で起《お》こっていることが多《おお》いよ。大人《おとな》も子《こ》どもにケガをさせないように安全確認《あんぜんかくにん》を忘《わす》れないでね！

POINT

- ☑ 指《ゆび》をはさむ事故《じこ》で一番多《いちばんおお》いのは手動《しゅどう》ドアの「はさまれ」。
- ☑ そのほかにもエレベーター・エスカレーター・電車《でんしゃ》・自動車《じどうしゃ》の窓《まど》・自転車《じてんしゃ》のスポークなどでも「はさまれ」が起《お》きている。
- ☑ 子《こ》どもが「はさまれ」そうな危険《きけん》は取《と》り除《のぞ》き、大人《おとな》も安全確認《あんぜんかくにん》をしよう。

安全《あんぜん》じゃない遊具《ゆうぐ》もあるの?

パパが突然《とつぜん》、いつかTVでみた「手作《てづく》りすべり台《だい》」に挑戦《ちょうせん》すると言《い》いだした。
カケル、おうちの中《なか》で遊《あそ》べたら嬉《うれ》しいだろ?
うれしい
(ついでにSNSで「クマダさんイクメン!」ってバズるかもだし)
ホンネはそっちか… DIYほとんどしないのに
材料《ざいりょう》はホムセンと通販《つうはん》でそろえて…
作《つく》り方《かた》はブログと動画《どうが》サイトでチェック…
ジャーーン!
できた!! 愛情《あいじょう》たっぷり手作《てづく》りすべり台《だい》
パパすごい! ありがとう!
意外《いがい》と立派《りっぱ》にできてるね
意外《いがい》と?
さっそくすべってみる!!
わー! 傾《かたむ》いた! おちる~
ごろんっ
カケル!! 大丈夫《だいじょうぶ》!?
あー、ここのネジゆるんでる…それで傾《かたむ》いたみたい
パパ、意気消沈《いきしょうちん》…
ごめんカケル…すべり台《だい》買《か》ってくる
そんなにおちこまないで
愛情《あいじょう》だけではたりないこともある…

「手作《てづく》り」が危《あぶ》ない時《とき》も

大丈夫《だいじょうぶ》だった？　手作《てづく》りのおもちゃや遊具《ゆうぐ》って、しっかりしているように見《み》えても、不十分《ふじゅうぶん》なところがあって壊《こわ》れたり崩《くず》れたりして事故《じこ》が起《お》きることもあるんだ。

ビーズや木《き》のパーツをつないで、赤《あか》ちゃんが噛《か》んで遊《あそ》ぶおもちゃ（歯《は》がためジュエリー）を手作《てづく》りしたら、ひもが切《き》れて赤《あか》ちゃんがパーツを飲《の》み込《こ》んでしまった例《れい》や、保育園《ほいくえん》の自然体験《しぜんたいけん》で、手作《てづく》りいかだで川遊《かわあそ》びをしていた時《とき》に、いかだが沈《しず》んで子《こ》どもたちが溺《おぼ》れた例《れい》もあるんだよ。

手作《てづく》りって、気持《きも》ちがこもっていて嬉《うれ》しいけど、命《いのち》に関《かか》わる事故《じこ》は避《さ》けないといけない。まずは安全《あんぜん》に使《つか》えるかどうかが大切《たいせつ》！　特《とく》に赤《あか》ちゃんや多《おお》くの子《こ》どもたちが使《つか》う物《もの》には注意《ちゅうい》が必要《ひつよう》だよ。

〝安全《あんぜん》マーク〟があるものを

おもちゃや遊具《ゆうぐ》などにはそれぞれ「安全《あんぜん》マーク」があって、安全《あんぜん》の基準《きじゅん》を満《み》たしたものに付《つ》けられているんだ。パパみたいにめったにＤＩＹをしない人《ひと》が作《つく》ると危《あぶ》ないから、事故《じこ》を防《ふせ》ぎたい時《とき》は安全《あんぜん》マーク付《つ》きのものにするといいね。

基本《きほん》は、「子《こ》どもから目《め》を離《はな》さない」

　でも、安全《あんぜん》マークが付《つ》いているからと言《い》って、どんな使《つか》い方《かた》をしてもいいってわけじゃない。

　おもちゃや遊具《ゆうぐ》には「それを使《つか》える年齢《ねんれい》（対象年齢《たいしょうねんれい》）がある。マークがついていても、対象年齢《たいしょうねんれい》でない子《こ》どもにおもちゃを渡《わた》しっぱなしにしておくと、ちょっと目《め》を離《はな》している間《あいだ》に思《おも》わぬ事故《じこ》につながることがあるから、子《こ》どもの様子《ようす》を見《み》ておこうね。

　公園《こうえん》でも、大人《おとな》が遠《とお》くでおしゃべりしていたりスマホを見《み》ていたりして、小《ちい》さい子《こ》だけで遊《あそ》んでいることがあるよね。でも、ほとんどの遊具《ゆうぐ》が、6歳《さい》までの子《こ》どもは大人《おとな》が付《つ》き添《そ》わないといけないんだ。

日常生活《にちじょうせいかつ》に身近《みぢか》な安全《あんぜん》マーク

	SP マーク	SG マーク	BAA マーク	ST マーク
マーク				
対象《たいしょう》となる製品《せいひん》	公園《こうえん》の遊具《ゆうぐ》	一般消費者《いっぱんしょうひしゃ》が使用《しよう》する製品《せいひん》	自転車《じてんしゃ》	おもちゃ
認定《にんてい》する協会《きょうかい》	一般社団法人《いっぱんしゃだんほうじん》 日本公園施設業協会《にほんこうえんしせつぎょうきょうかい》	一般財団法人《いっぱんざいだんほうじん》 製品安全協会《せいひんあんぜんきょうかい》	一般社団法人《いっぱんしゃだんほうじん》 自転車協会《じてんしゃきょうかい》	一般社団法人《いっぱんしゃだんほうじん》 日本玩具協会《にほんがんぐきょうかい》

こんなステッカーが貼《は》られている遊具《ゆうぐ》があるよ。これに対象年齢《たいしょうねんれい》や気《き》を付《つ》けることが書《か》いてあるから、決《き》まりを守《まも》って事故《じこ》を防《ふせ》ごうね！

遊具安全利用表示《ゆうぐあんぜんりようひょうじ》シールの例《れい》
（一般社団法人《いっぱんしゃだんほうじん》 日本公園施設業協会《にほんこうえんしせつぎょうきょうかい》が作成《さくせい》）

遊具安全 利用表示
JPFA
シーソー 品番JPFA-S-SS(W)
Only use while seated.
たってのらない
Grasp the handrail firmly.
てをはなさない
Never crawl under the structure.
したにもぐらない
1-3
1歳から3歳の乳幼児には
大人が必ず
付き添って下さい
年齢表示について
くわしくはこちら
3-6
3歳から6歳の幼児には
大人が必ず
付き添って下さい
年齢表示について
くわしくはこちら
6-12
年齢表示について
くわしくはこちら

POINT

- ☑ 安全性《あんぜんせい》が不十分《ふじゅうぶん》な手作《てづく》りのおもちゃや遊具《ゆうぐ》は、事故《じこ》の元《もと》になることがある。
- ☑ 「安全《あんぜん》マーク」が付《つ》いているおもちゃや遊具《ゆうぐ》を選《えら》ぼう。
- ☑ 遊具《ゆうぐ》の「対象年齢《たいしょうねんれい》」を守《まも》り、大人《おとな》は子《こ》どもから目《め》を離《はな》さないようにしよう。

お留守番《るすばん》、1人《ひとり》でできるかな？

今日《きょう》は初《はじ》めて1人《ひとり》で留守番《るすばん》のカケル。
セール前《まえ》だし忙《いそが》しい
新店舗《しんてんぽ》準備《じゅんび》で…
ダンス教室《きょうしつ》
他《ほか》の子《こ》と約束《やくそく》
1人《ひとり》で留守番《るすばん》ってカッコイイ～
YEAH!
まずはおやつ♥
とくに寂《さび》しさとかはなさそうだね
おやつ食《た》べ終《お》えたら余計《よけい》なことしだしたぞ！
コンセントに鍵《かぎ》入《い》れようとしてる！
アロマキャンドルに火《ひ》をつけた！
電気《でんき》ケトルでお湯《ゆ》沸《わ》かしてる！
普段《ふだん》ママに止《と》められてることばっかりやらかしてる！
キヒヒ…
ピンポーン
あれ？宅配《たくはい》かな？
はーい
こんにちはァ～♪ボク、1人《ひとり》？？
出《で》ちゃった！
（あっ、宅配《たくはい》じゃないなんだろこの人《ひと》…なんて言《い》おう…）
お家《うち》の人はいつ帰《かえ》ってくるの？いつも1人《ひとり》なの？
パパいるけどいまウ●コしてるの！
ガチャン！
大人《おとな》がいない時《とき》は出《で》ちゃいけないって言《い》われてたんだった
ふう～、留守番《るすばん》っていそがしい♥
ドヤってないで反省《はんせい》しようよ
ドヤァ
子《こ》どもだけの留守番《るすばん》は危険《きけん》な時《とき》があるから、留守番《るすばん》のルールを決《き》めておいて、しっかり守《まも》ろう。

留守番《るすばん》が必要《ひつよう》な時《とき》のルール作《づく》り

お留守番《るすばん》、パパもママも小《ちい》さい子《こ》どもにさせるのは良《よ》くないのは分《わ》かってるけど、小学校《しょうがっこう》に上《あ》がると、どうしても避《さ》けられない時《とき》ってあるよね。子《こ》どもは素直《すなお》だから、お家《うち》の人《ひと》がいないと、いないって言《い》ってしまったり、「こっちにかわいい猫《ねこ》がいるよー！」なんて言《い》われたら、知《し》らない人《ひと》でもついて行《い》っちゃう。だから、お留守番《るすばん》をする時《とき》のルールを決《き》めておこう！

それぞれの家庭《かてい》の事情《じじょう》や地域《ちいき》、子《こ》どもの個性《こせい》に合《あ》わせて決《き》めてほしいんだけど、例《たと》えば、こういうのはどうだろう。

【防犯《ぼうはん》】

- ☑家《いえ》に帰《かえ》ってきたら、誰《だれ》もいなくても「ただいま」と言《い》う
- ☑家《いえ》に入《はい》ったら鍵《かぎ》を閉《し》める
- ☑お家《うち》の人《ひと》が帰《かえ》ってくるまで家《いえ》から出《で》ない。遊《あそ》びに行《い》った時《とき》は帰《かえ》ってくる時間《じかん》を決《き》める
- ☑インターホンが鳴《な》っても出《で》ない
  荷物《にもつ》も大人《おとな》がいる時間《じかん》の配送《はいそう》や、置《お》き配《はい》にしてもらうなど事前《じぜん》に調整《ちょうせい》する
- ☑お家《うち》の人《ひと》はいるかと聞《き》かれたら「いるけど今忙《いまいそが》しい」などと答《こた》えて、いないと言《い》わない

【ケガ予防《よぼう》】

☑火《ひ》が出《で》るもの、熱《あつ》いもので遊《あそ》ばない
（ガスコンロやライターを使《つか》わない。虫眼鏡《むしめがね》で火《ひ》をつける遊《あそ》びもしない）

☑コンセントを触《さわ》ったり物《もの》を入《い》れて遊《あそ》ばない

☑触《さわ》ってはいけない刃物《はもの》を決《き》める（包丁《ほうちょう》はダメ、など）

☑食《た》べてはいけないものは食《た》べない。お家《うち》の人《ひと》は、手《て》が届《とど》くところに置《お》かない
（ジェルボール型洗剤《がたせんざい》など子《こ》どもが思《おも》わず口《くち》に入《い》れたくなってしまうものにも注意《ちゅうい》！）

【絶対《ぜったい》につながる連絡先《れんらくさき》、駆《か》け込《こ》む場所《ばしょ》を決《き》める】

☑困《こま》ったこと、怖《こわ》いことがあれば、携帯電話《けいたいでんわ》や家《いえ》の電話《でんわ》でパパ、ママ、おじいちゃん、おばあちゃんなどに連絡《れんらく》する。大人《おとな》も着信《ちゃくしん》があればすぐに出《で》るようにする

☑警察《けいさつ》は110番《ばん》、火事《かじ》とケガは119番《ばん》と覚《おぼ》えておく

☑ご近所《きんじょ》の信頼《しんらい》できる人《ひと》の家《いえ》や、交番《こうばん》、コンビニなど、何《なに》かあった時《とき》に駆《か》け込《こ》むところを決《き》めておく

成長《せいちょう》に合《あ》わせてルールを変《か》える

子《こ》どもはどんどん大《おお》きくなって、できることも増《ふ》えていくから、いつまでも○○しちゃダメ！って言《い》ってルールを変《か》えないと、何《なん》にもできないままになっちゃうよね。練習《れんしゅう》して包丁《ほうちょう》が使《つか》えるようになれば使《つか》ってもいいし、料理《りょうり》ができるようになればコンロを使《つか》えるようにしてもいいと思《おも》うよ。

でも、誰《だれ》でも火《ひ》の消《け》し忘《わす》れやスイッチの切《き》り忘《わす》れはあるから、「少《すこ》しくらい忘《わす》れても大丈夫《だいじょうぶ》」な仕組《しく》みづくりをしておくと、みんなが安全《あんぜん》に暮《く》らせるね！（108～111ページ参照《さんしょう》）

何《なに》よりも、大人《おとな》が早《はや》く家《いえ》に帰《かえ》るのが一番《いちばん》。大変《たいへん》な時《とき》もあるけど、工夫《くふう》して頑張《がんば》ろう！

POINT

☑【防犯《ぼうはん》】【ケガ予防《よぼう》】【緊急連絡先《きんきゅうれんらくさき》】など、留守番《るすばん》が必要《ひつよう》な時《とき》のルールづくりをしておこう。

☑子《こ》どもの成長《せいちょう》に合《あ》わせてルールは見直《みなお》していこう。

こんなものまで飲《の》み込《こ》んじゃうの!?

お中元《ちゅうげん》の季節《きせつ》です。
わあ〜! キレイで おっきい ぶどうだ
すご… ひと粒《つぶ》ずつ 並《なら》べてある
こんなの 初《はじ》めてみた
チョコ みたい
まるで ジュエリーだね
僕《ぼく》が知《し》ってるぶどうと ずいぶんちがうぞ… 3センチくらいあるし
たべたい たべたい
ハイハイ 洗《あら》うから待《ま》って〜 さあどうぞ
おいしい! もう1個《こ》!
ううっ……!
カケル、 どうした!?
キャー! ノドに つまってる!!
大丈夫《だいじょうぶ》か!!! 背中《せなか》叩《たた》くぞ
ドン
ゴホッ
無事《ぶじ》でよかった…!
くるし かった…
大丈夫《だいじょうぶ》!? こわかったね
もう ぶどう たべない
すぐそばに いたのに、誰《だれ》も 防《ふせ》げなかった…

3歳《さい》の口《くち》はトイレットペーパーの芯《しん》くらい

子《こ》どもの口《くち》の大《おお》きさは3歳児《さいじ》で約《やく》4㎝。トイレットペーパーの芯《しん》の直径《ちょっけい》と同《おな》じくらいなんだ。小《ちい》さい子《こ》は口《くち》に入《い》れて良《い》いものと悪《わる》いものが分《わ》からないからなんでも口《くち》に入《い》れちゃうし、パパやママも、お餅《もち》の他《ほか》にも喉《のど》に詰《つ》めやすい食《た》べ物《もの》があるのを知《し》っておいて！窒息事故《ちっそくじこ》は5歳以下《さいいか》の子《こ》どもに多《おお》いけど、カケルでも、大人《おとな》でも危険《きけん》なんだ。

身近《みぢか》な食《た》べ物《もの》でも誤嚥《ごえん》

誤嚥《ごえん》の可能性《かのうせい》があるのは、ブドウ、リンゴ、プチトマトや球形《きゅうけい》チーズ、豆《まめ》、イカ…カケルやミチルが大好《だいす》きな食《た》べ物《もの》だね！

特《とく》にブドウは、品種改良《ひんしゅかいりょう》が進《すす》んでパパやママの子《こ》ども時代《じだい》よりも甘《あま》くて大《おお》きくなっている。とってもおいしいから、大人《おとな》は自分《じぶん》の子《こ》どもの時《とき》と同《おな》じように丸《まる》のままあげちゃう。でも、小《ちい》さい口《くち》ならつるんと入《はい》って窒息《ちっそく》してしまう。

プチトマトも同《おな》じように危険《きけん》だから、パパママは面倒《めんどう》かもしれないけど、カケルが食《た》べやすいようにカットしてあげて！

あと、豆《まめ》やピーナッツなどのナッツ類《るい》も注意《ちゅうい》！２０２１年《ねん》に消費者庁《しょうひしゃちょう》から「豆《まめ》やナッツ類《るい》など、硬《かた》くてかみ砕《くだ》く必要《ひつよう》のある食品《しょくひん》は5歳以下《さいいか》の子《こ》どもには食《た》べさせないで」って通達《つうたつ》が出《で》ているよ。小《ちい》さい子《こ》が豆《まめ》を食《た》べる時《とき》は豆《まめ》ごはんや煮物《にもの》にして食《た》べてね。

そして、見《み》た目《め》で忘《わす》れちゃうけど、チョコやお菓子《かし》でコーティングしているピーナッツやアーモンドも「ナッツ類《るい》」だから忘《わす》れないで！ピーナッツの誤嚥《ごえん》は多《おお》いんだ。

大人《おとな》がそばにいるから大丈夫《だいじょうぶ》？

「大人《おとな》が近《ちか》くで見《み》ているから」「よく噛《か》んでって教《おし》えてるから」「素材《そざい》の味《あじ》を楽《たの》しまないと」って左《ひだり》の表《ひょう》にあるような食《た》べ物《もの》でも大《おお》きいまま食《た》べさせる人《ひと》がいる。

でも、口《くち》の中《なか》の物《もの》が気管《きかん》に入《はい》っちゃうの、見《み》てても防《ふせ》げないよね？「よく噛《か》んで」って言《い》っても、3〜5歳《さい》ごろまでは奥歯《おくば》が生《は》えそろっていないから大人《おとな》みたいにうまく噛《か》めないんだ。

もし、豆《まめ》が気管《きかん》に入《はい》っちゃうと、全身麻酔《ぜんしんますい》で手術《しゅじゅつ》しないといけない。息《いき》を吸《す》った時《とき》や、びっくりした時《とき》に飲《の》み込《こ》んでしまうこともあるから、大人《おとな》が近《ちか》くにいても事故《じこ》は起《お》こるってみんなに教《おし》えてあげてね。

誤飲《ごいん》・誤嚥《ごえん》の危険《きけん》が高《たか》い食品《しょくひん》とその防止策《ぼうしさく》

危険《きけん》	食品《しょくひん》	どうすればよいか（主《おも》に未就学児《みしゅうがくじ》まで）
気道《きどう》をふさぐ	プチトマト、ブドウ、さくらんぼ	使用《しよう》を避《さ》ける、子《こ》どもの口《くち》の大《おお》きさに合《あ》わせてカット（縦《たて》に4等分《とうぶん》など）
	うずらの卵《たまご》	使用《しよう》を避《さ》ける、子《こ》どもの口《くち》の大《おお》きさに合《あ》わせてカット
	あめ類《るい》、ラムネ	使用《しよう》を避《さ》ける、あめは棒付《ぼうつ》きのものを座《すわ》って食《た》べる
	球形《きゅうけい》チーズ	加熱《かねつ》する、上《うえ》からつぶして板状《いたじょう》にする、子《こ》どもの口《くち》の大《おお》きさに合《あ》わせてカット
	ナッツ類《るい》	使用《しよう》を避《さ》ける（消費者庁《しょうひしゃちょう》の通達《つうたつ》；5歳以下《さいいか》には食《た》べさせない）
粘着性《ねんちゃくせい》が高《たか》い（でんぷん質《しつ》が唾液《だえき》と混《ま》ざって粘着性《ねんちゃくせい》が増《ま》す）	もち、白玉《しらたま》だんご	使用《しよう》を避《さ》ける
固《かた》すぎる（噛《か》み切《き》れないまま気道《きどう》に入《はい》る）	いか	使用《しよう》を避《さ》ける、小《ちい》さく切《き》って加熱《かねつ》すると余計《よけい》に固《かた》くなる
固《かた》くて噛《か》み切《き》れない	エビ・貝類《かいるい》	0、1歳《さい》ごろまで使用《しよう》を避《さ》ける、2歳《さい》以上《いじょう》でも子《こ》どもの口《くち》の大《おお》きさに合《あ》わせてカット
噛《か》みちぎりにくい 口《くち》にはり付《つ》く	焼《や》きのり	刻《きざ》みのりをもみほぐして使《つか》う
弾力性《だんりょくせい》がある 繊維《せんい》が固《かた》い	こんにゃく、こんにゃく入《い》り食品《しょくひん》、糸《いと》こんにゃく、しらたき	1センチ程度《ていど》に細《こま》かく切《き》る、こんにゃくは糸《いと》こんにゃくにする
	ソーセージ	縦半分《たてはんぶん》に切《き》る、子《こ》どもの口《くち》の大《おお》きさに合《あ》わせてカット
	水菜《みずな》、キノコ類《るい》、わかめ	1センチ程度《ていど》に細《こま》かく切《き》る
唾液《だえき》を吸収《きゅうしゅう》し飲《の》み込《こ》みづらい	ごはん、パン、焼《や》き芋《いも》・ふかし芋《いも》、カステラ	水分《すいぶん》を取《と》りながらよく噛《か》んで食《た》べる、詰《つ》め込《こ》みすぎない
	ゆで卵《たまご》	細《こま》かくする、水分《すいぶん》を取《と》りながらよく噛《か》んで食《た》べる、詰《つ》め込《こ》みすぎない

祖父母《そふぼ》の家《いえ》や大人《おとな》だけの場所《ばしょ》はチェック！

おじいちゃんおばあちゃんの家《いえ》や、大人《おとな》ばかりの場所《ばしょ》に行《い》く時《とき》も注意《ちゅうい》して。

子《こ》どもの誤飲事故《ごいんじこ》は、毎年《まいとし》「たばこ」（たばこ、吸《す》い殻《がら》、吸《す》い殻《がら》を浸《ひた》した液《えき》）、「医薬品《いやくひん》・医薬部外品《いやくぶがいひん》」がトップ。普段大人《ふだんおとな》しかいない場所《ばしょ》には、たばこや薬《くすり》などすぐ手《て》が届《とど》くところに置《お》かれていることがあるから、行《い》った時《とき》にパパやママがチェックしてね。

そして、小《ちい》さい子《こ》は大人《おとな》が見《み》ていない時《とき》に電池《でんち》を外《はず》して遊《あそ》ぶこともある。ボタン電池《でんち》は飲《の》み込《こ》んで30分《ぷん》ほどで内臓《ないぞう》が傷《きず》ついて、穴《あな》が開《あ》く危険《きけん》もあるから、小《ちい》さい子《こ》がいる時《とき》は電池《でんち》を取《と》り出《だ》せないようにしたり、電池《でんち》が入《はい》っているものは手《て》が届《とど》かないところに置《お》いておいてね。

カケル、もし飲《の》み込《こ》んだら、うんちで出《で》てくると思《おも》って黙《だま》ってたらダメだよ。すぐに大人《おとな》に言《い》って！

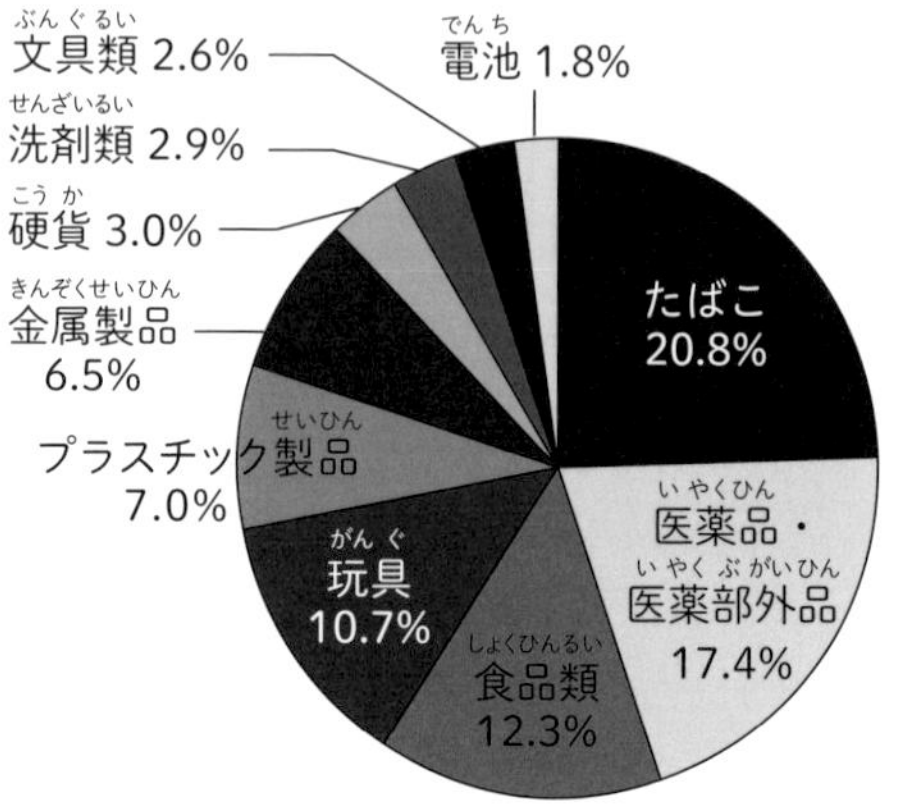

文具類《ぶんぐるい》 2.6%
電池《でんち》 1.8%
洗剤類《せんざいるい》 2.9%
硬貨《こうか》 3.0%
金属製品《きんぞくせいひん》 6.5%
たばこ 20.8%
プラスチック製品《せいひん》 7.0%
医薬品《いやくひん》・医薬部外品《いやくぶがいひん》 17.4%
玩具《がんぐ》 10.7%
食品類《しょくひんるい》 12.3%

2018年度家庭用品等《ねんどかていようひんとう》に係《かか》る健康被害《けんこうひがい》病院《びょういん》モニター報告《ほうこく》,厚生労働省《こうせいろうどうしょう》(2019)

これまでなかったもので誤飲《ごいん》・誤嚥《ごえん》

パパママが子《こ》どもの時《とき》になかったものって、注意《ちゅうい》するのを忘《わす》れちゃう。最近《さいきん》では、スティックを浸《ひた》すタイプの芳香剤《ほうこうざい》や、洗濯《せんたく》に使《つか》うジェルボール、水《みず》を吸《す》って膨《ふく》らむボール、トイレのスタンプ型《がた》クリーナー、ネオジム磁石《じしゃく》、ワイヤレスイヤホンなどの誤飲《ごいん》事故《じこ》も起《お》こっているよ。置《お》き場所《ばしょ》を管理《かんり》したり、触《さわ》れないようにして子《こ》どもを守《まも》ろうね。

POINT

- ☑ブドウやプチトマトなどの誤嚥《ごえん》しやすい食《た》べ物《もの》は、小《ちい》さく切《き》って食《た》べさせて。
- ☑豆《まめ》やナッツ類《るい》は5歳以下《さいいか》の子《こ》どもには食《た》べさせないで。
- ☑大人《おとな》が近《ちか》くで見《み》ていても、大《おお》きいものを気管《きかん》につまらせる事故《じこ》は防《ふせ》げない。
- ☑祖父母《そふぼ》の家《いえ》や、普段大人《ふだんおとな》しかいない場所《ばしょ》には危険《きけん》がいっぱい。
- ☑パパママが子《こ》どもの時《とき》になかったものでの事故《じこ》が増《ふ》えてる。注意《ちゅうい》して！

手《て》すりが背《せ》丈《たけ》より高《たか》くても

ママがベランダにテーブルやイス、植木鉢《うえきばち》なんかを置《お》きはじめた。
カフェみたい♪
コーヒーいれてこよ
またママの気《き》まぐれがはじまった…図書館《としょかん》いこ
あれ？ベランダがキャンプみたい！
テーブルにのれば下《した》の駐車場《ちゅうしゃじょう》みえるかな～
そろそろパパかえってくるはず
嫌《いや》な予感《よかん》…
あ！パパおかえり～!!
ただいま～…って、カケル！なんでベランダから乗《の》り出《だ》してんだ!?
危《あぶ》ないから今《いま》すぐ降《お》りて！
わ、わかったよ
パパのおかげで間一髪《かんいっぱつ》だったね…
カケルここにいたのいい感《かん》じでしょ？一緒《いっしょ》にお茶《ちゃ》しない？
シュン…
ぼくやめとく…
ママ、今頃《いまごろ》戻《もど》ってきて…のんきすぎる…

窓《まど》やベランダからの転落事故《てんらくじこ》のパターン

危《あぶ》なかった！ 怖《こわ》かったでしょ。
覗《のぞ》き込《こ》んだら落《お》ちて死《し》んじゃうよ！ もう絶対《ぜったい》にしないでね。

窓《まど》やベランダからの転落《てんらく》って、起《お》こりやすいパターンがあるんだ。

- ☑ 窓《まど》を開《あ》けたり、ベランダによく出《で》るようになる夏《なつ》ごろ
- ☑ 3～4歳《さい》ごろ
- ☑ 大人《おとな》が家《いえ》にいても、窓《まど》が開《あ》いた部屋《へや》で子《こ》どもだけでいる時《とき》

こんな時《とき》は注意《ちゅうい》だよ。

手《て》すりに手《て》が届《とど》けば乗《の》り越《こ》える

ベランダの柵《さく》の高《たか》さは、建築基準法《けんちくきじゅんほう》で110cm以上《いじょう》って決《き》まっているんだけど、どんな高《たか》さ

でも、子《こ》どもは好奇心旺盛《こうきしんおうせい》だから、足場《あしば》になるものがあるとそれを使《つか》って登《のぼ》りたくなる。近《ちか》くのソファや畳《たた》んだ布団《ふとん》に登《のぼ》って窓《まど》から転落《てんらく》したり、網戸《あみど》に寄《よ》りかかったり、窓枠《まどわく》に座《すわ》っていて落《お》ちることもある。

大人《おとな》が大丈夫《だいじょうぶ》だろうと思《おも》う高《たか》さや、落《お》ちることなんて想像《そうぞう》していない状況《じょうきょう》でも落《お》ちちゃうことがあるから、パパママは「手《て》すりや窓《まど》に手《て》が届《とど》けば乗《の》り越《こ》える可能性《かのうせい》がある」って覚《おぼ》えておいて！　１３７cmの柵《さく》を４歳《さい》の子《こ》が越《こ》えた例《れい》もあるよ。

安全《あんぜん》なベランダ・窓《まど》って？

だから、パパママは転落《てんらく》につながるツールになるテーブルや椅子《いす》、プランターや植木鉢《うえきばち》、ゴミなどはベランダに置《お》かないで。エアコンの室外機《しつがいき》や物干《ものほ》し台《だい》も柵《さく》の近《ちか》くにあると危《あぶ》ないけど、動《うご》かせない時《とき》は、その上《うえ》に登《のぼ》れないようにしたり、ベランダに出《で》られないようにカギをかけてね。

カケルみたいに小学生《しょうがくせい》でも自宅《じたく》のベランダや窓《まど》から転落《てんらく》した例《れい》はたくさんあるから、何歳《なんさい》から大丈夫《だいじょうぶ》っていうのはなくて、やってはいけないことが分《わ》かる年齢《ねんれい》になってからものを置《お》いてね！

POINT

☑窓《まど》やベランダからの転落事故《てんらくじこ》には、起《お》こりやすいパターンがある。

☑子《こ》どもは手《て》すりや窓《まど》に手《て》が届《とど》けば、思《おも》わぬ高《たか》さでも乗《の》り越《こ》える可能性《かのうせい》がある。

☑転落《てんらく》につながるツールを窓《まど》の近《ちか》くやベランダに置《お》かないようにしよう。

〝うっかり〞OKなものを選《えら》ぼう

だいぶ肌寒《はだざむ》くなってきました。
ココアでも飲《の》もっかなお湯《ゆ》わかそ
僕《ぼく》もほしい
じゃ、カップとって
はーい…アッ!
ガタン
うわ!電気《でんき》ケトルのコードに手《て》を引《ひ》っかけて倒《たお》した!
わあ!火傷《やけど》する!
…って、あれ?平気《へいき》だ
倒《たお》れても中身《なかみ》が漏《も》れにくいケトルなの
SAFE!
ココアおいしかった
カップ流《なが》しに下《さ》げてね
はーい…アッ!
ガタン
こんどは石油《せきゆ》ストーブのコードにつまづいて倒《たお》した!
わあ!燃《も》えちゃう
…って、あれ?平気《へいき》だ
倒《たお》れると自動的《じどうてき》に火《ひ》が消《き》えるストーブなの
SAFE!
危機一髪《ききいっぱつ》…安全機能《あんぜんきのう》に助《たす》けられたね

“うっかり”は誰《だれ》でも

危《あぶ》なかったねー！ ケトルに、倒《たお》れてもお湯《ゆ》がこぼれにくい機能《きのう》がついてなかったら、カケル大《おお》やけどだったね。無事《ぶじ》で良《よ》かった！ 石油《せきゆ》ストーブもとっても熱《あつ》いから、倒《たお》れたらやけどしたり、火事《かじ》になってたかもしれない。倒《たお》れるとスイッチが切《き》れる仕組《しく》みっていいよね。飲《の》み物《もの》をこぼす、コード類《るい》に引《ひ》っかかる、体《からだ》が当《あ》たって物《もの》が倒《たお》れる…気《き》を付《つ》けているつもりでも誰《だれ》にでもあることだから、“うっかり”が起《お》きても大事故《だいじこ》にならない仕組《しく》みがあると安心《あんしん》だよね。

“うっかり”しても安全《あんぜん》な仕組《しく》み、“うっかり”すると使《つか》えない仕組《しく》み

ケトルやストーブ以外《いがい》にも、ご飯《はん》を炊《た》いている時《とき》にうっかり吹《ふ》き出《だ》し口《ぐち》に触《ふ》れてもやけどを防《ふせ》げる、蒸気《じょうき》が少《すく》ない炊飯器《すいはんき》みたいに、“うっかり”しても大事故《だいじこ》にならない（フェイルセーフ）製品《せいひん》が出《で》ているよ。

他《ほか》にも、最初《さいしょ》から“うっかり”すると使《つか》えない（フールプルーフ）製品《せいひん》もあるんだ。例《たと》えば、ふたを閉《し》めないと動《うご》かない洗濯機《せんたくき》や、扉《とびら》を閉《と》じないと動《うご》かない電子《でんし》レンジ、鍋《なべ》やフライパ

ンを乗《の》せないと火《ひ》が付《つ》かないガスコンロやIHクッキングヒーター。そんなの当《あ》たり前《まえ》じゃない？って思《おも》うかもしれないけど、これまでの事故《じこ》の経験《けいけん》から改善《かいぜん》されて、安全《あんぜん》に使《つか》えるようになってるんだよ。

小《ちい》さい子《こ》どもやおじいちゃんおばあちゃんがいるところでは、安全《あんぜん》を考《かんが》えられた物《もの》を選《えら》んで使《つか》うといいと思《おも》うな！

それでも事故《じこ》は起《お》きるから

安全《あんぜん》な物《もの》を使《つか》っても、これまでも紹介《しょうかい》したように、やっぱり事故《じこ》は起《お》こってしまう。ケトルは倒《たお》れても大丈夫《だいじょうぶ》でも、おわんに入《い》れたお味噌汁《みそしる》は倒《たお》れてもこぼれないようにするのが難《むずか》しいよね。小《ちい》さい子《こ》は何《なん》でも触《さわ》ったり口《くち》に入《い》れちゃうから、大人《おとな》やお兄《にい》ちゃんお姉《ねえ》ちゃんたちの注意《ちゅうい》が必要《ひつよう》だよ。

テーブルの上《うえ》に何気《なにげ》なく置《お》いていた熱《あつ》い飲《の》み物《もの》や薬《くすり》、たばこ（吸《す》い終《お》わったたばこを入《い》れた水《みず》も！）や電池《でんち》、ハサミやカッターみたいな刃物類《はものるい》…危険《きけん》なものは手《て》の届《とど》かないところに置《お》いて。ドアに手《て》をはさまないようにガードを取《と》り付《つ》けたり、転《ころ》んだ時《とき》にケガをしないように家具《かぐ》にクッションテープを貼《は》るのも、家《いえ》でできるフェイルセーフだね！

POINT

- 気《き》を付《つ》けていても〝うっかり〟は誰《だれ》にでも起《お》こりうる。
- 〝うっかり〟しても大事故《だいじこ》にならない製品《せいひん》を選《えら》んで使《つか》うと、安全性《あんぜんせい》が高《たか》まるよ。
- 小《ち》さい子《こ》は何《なん》でも触《さわ》ったり口《くち》に入《い》れちゃうから、注意《ちゅうい》が必要《ひつよう》だよ。

普通《ふつう》に売《う》ってる服《ふく》で一大事《いちだいじ》に!?

去年《きょねん》まで着《き》ていた
カケルの水着《みずぎ》が
サイズアウトした。
コスパ命《いのち》!
今年《ことし》の夏《なつ》は
1~2回《かい》しか
着《き》ないだろうし
フリマアプリで
探《さが》そう
千円以下《せんえんいか》
130センチ
で検索《けんさく》、と…
サメの柄《がら》ね!
ハイハイ
サメ柄《がら》で
絞《しぼ》り込《こ》み…
ふ~ん、これとか
いいんじゃない?
やだ!
じゃあ、これは?
これがいい!
すんなり
決《き》まってよかった
購入《こうにゅう》するよ~…
ちょ~っと
待《ま》ったぁぁ!
「おすすめ」の
同《おな》じブランドの
パーカーも
かわいい!
これも美品《びひん》!
こっちも好《この》み!
早《はや》く決《き》めて…
買《か》われ
ちゃうよ~
あ~あ
ドツボにはまってる…
ママ、落《お》ち着《つ》いて
私《わたし》の声《こえ》が
聞《き》こえますか…
通販《つうはん》や古着《ふるぎ》の中には
子《こ》どもにとって危険《きけん》な
ものもあるんだよ
だ、誰《だれ》かが
脳《のう》に直接《ちょくせつ》…
デジャビュ…?
普通《ふつう》に売《う》られ
てる服《ふく》の中《なか》に
危険《きけん》なものが
あるの!?
そう、
だから慎重《しんちょう》に
選《えら》んでほしいんだ

男《おとこ》の子《こ》の水着《みずぎ》のインナーのメッシュに注意《ちゅうい》！

男《おとこ》の子《こ》の水着《みずぎ》って、メッシュ素材《そざい》のインナーが付《つ》いているものがあるでしょ。子《こ》どもの皮膚《ひふ》は薄《うす》いから、実《じつ》は過去《かこ》には、メッシュの穴《あな》に陰茎部《いんけいぶ》（おちんちん）が絡《から》まってしまう事故《じこ》が起《お》こって、全国《ぜんこく》の販売店《はんばいてん》からその危険《きけん》な水着《みずぎ》を回収《かいしゅう》することになったこともあるんだ。そこで、もう事故《じこ》が起《お》きないように子《こ》ども服《ふく》の業界団体《ぎょうかいだんたい》が新《あたら》しい基準《きじゅん》を作《つく》ったから、実際《じっさい》のお店《みせ》で危険《きけん》なメッシュ生地《きじ》水着《みずぎ》はほとんど売《う》られていないんだ。

だけど、ネット通販《つうはん》ではたくさん売《う》られてるし、まだ事故《じこ》も起《お》きててね…そこで2021年《ねん》7月《がつ》に、国民生活《こくみんせいかつ》センターから、「インナーにメッシュ生地《きじ》を使《つか》った水着《みずぎ》を

男児用水着《だんじようみずぎ》のインナーのメッシュ生地《きじ》に陰茎部《いんけいぶ》の皮膚《ひふ》が挟《はさ》まり取《と》れなくなる過程《かてい》

①男児《だんじ》の皮膚《ひふ》が水着《みずぎ》のインナーのメッシュ生地《きじ》に密着《みっちゃく》すると、伸縮性《しんしゅくせい》に富《と》んだ皮膚《ひふ》が、メッシュの穴《あな》より外部《がいぶ》にはみ出《だ》し、メッシュから圧迫《あっぱく》を受《う》け始《はじ》めます。

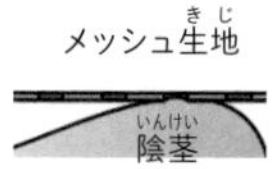

②局所的《きょくしょてき》に小《ち》さな静脈《じょうみゃく》が圧迫《あっぱく》を受《う》け、採血《さいけつ》の際《さい》に腕《うで》にバンド（駆血帯《くけつたい》）を巻《ま》いて血流《けつりゅう》を止《と》めるのと同《おな》じような状況《じょうきょう》となります。

③外部《がいぶ》にはみ出《だ》した皮膚《ひふ》では、局所的《きょくしょてき》な静脈環流障害《じょうみゃくかんりゅうしょうがい》が起《お》こり静脈《じょうみゃく》から水分《すいぶん》が漏《も》れ出《だ》すことで皮膚《ひふ》が徐々《じょじょ》に腫張《しゅちょう》すると考《かんが》えられます。

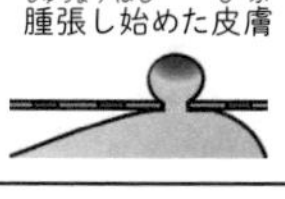

④外部《がいぶ》にはみ出《だ》した皮膚《ひふ》が腫張《しゅちょう》するとはみ出《だ》していく力《ちから》もより強《つよ》くなり、また、メッシュが皮膚《ひふ》を強《つよ》く圧迫《あっぱく》して激《はげ》しい痛《いた》みが起《お》こります。このような状態《じょうたい》になると、自《みずか》らメッシュを解除《かいじょ》することは難《むずか》しくなります。

独立行政法人国民生活《どくりつぎょうせいほうじんこくみんせいかつ》センター2021年《ねん》7月《がつ》15日報道発表資料《にちほうどうはっぴょうしりょう》「男児用水着《だんじようみずぎ》のインナー生地《きじ》を確認《かくにん》しましょう－陰茎部《いんけいぶ》の皮膚《ひふ》が挟《はさ》まり、取《と》れなくなることも－」より

子《こ》どもに着《き》させないで」って発信《はっしん》されたんだ。企業《きぎょう》には危険《きけん》な水着《みずぎ》を作《つく》ったり、売《う》ったりしないことがお願《ねが》いされてるんだよ。

パーカーも危険《きけん》

ママがかわいいって言《い》ってたパーカー、フードにひもが付《つ》いていたよね。フードに付《つ》いているひもは、ドアにはさまったり、首《くび》に巻《ま》き付《つ》いて首《くび》が締《し》まる危険《きけん》があるから、日本《にほん》の子《こ》ども服《ふく》の安全基準《あんぜんきじゅん》では13歳未満《さいみまん》の服《ふく》には使《つか》っちゃいけないんだ。

だけど、通販《つうはん》サイトなどで小《ちい》さいサイズのひも付《つ》きのパーカーはたくさん売《う》られていて、かっこよく見《み》えちゃうから知《し》らないで買《か》っちゃう人《ひと》も多《おお》い。

パーカー自体《じたい》も引《ひ》っかかる可能性《かのうせい》があるから、クマちゃんは小《ちい》さい子《こ》がパーカーを着《き》る時《とき》はフードを背中側《せなかがわ》に入《い》れて引《ひ》っかからないようにするのをおススメするな。

子《こ》ども服《ふく》の安全基準《あんぜんきじゅん》

事故《じこ》が起《お》こったのに、危《あぶ》ないメッシュ付《つ》きの水着《みずぎ》や、ひも付《つ》きのパーカーがなんで売《う》られてるの？って思《おも》うよね。

日本《にほん》では２０１５年《ねん》、子《こ》どもの日常生活《にちじょうせいかつ》での事故《じこ》を防《ふせ》ぐために、ヨーロッパの規格《きかく》を参考《さんこう》にして、子《こ》ども服《ふく》の安全基準《あんぜんきじゅん》「ＪＩＳ Ｌ ４１２９（よいふく）」が定《さだ》められたんだ。これは、特《とく》に「服《ふく》のひも」についての基準《きじゅん》だよ。

でも、今《いま》（２０２４年《ねん》３月現在《がつげんざい》）は基準《きじゅん》を守《まも》らなくても罰則《ばっそく》がないから、

☑ 海外《かいがい》から輸入《ゆにゅう》した服《ふく》
☑ ２０１５年《ねん》より前《まえ》に作《つく》られた服《ふく》
☑ デザイン、価格《かかく》を優先《ゆうせん》して作《つく》った服《ふく》

で、危険《きけん》な服《ふく》が売《う》られていることがあるし、売《う》る側《がわ》が安全基準《あんぜんきじゅん》を知《し》らない場合《ばあい》もある。水着《みずぎ》のメッシュにはまだ国《くに》で決《き》められた基準《きじゅん》がないし、

JIS L 4129（よいふく）による安全基準《あんぜんきじゅん》の例《れい》

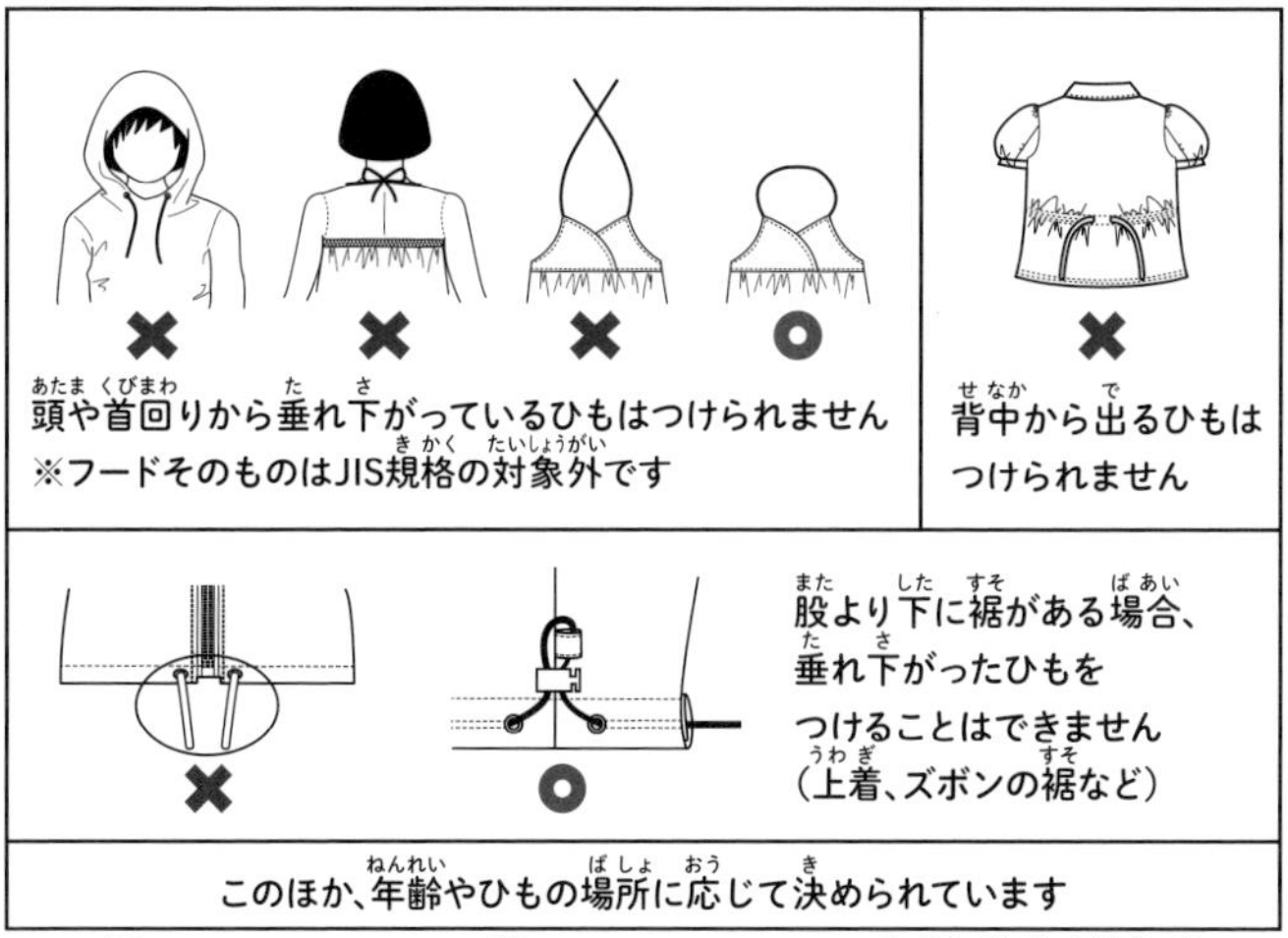

頭《あたま》や首回《くびまわ》りから垂《た》れ下《さ》がっているひもはつけられません
※フードそのものはJIS規格《きかく》の対象外《たいしょうがい》です
背中《せなか》から出《で》るひもはつけられません
股《また》より下《した》に裾《すそ》がある場合《ばあい》、垂《た》れ下《さ》がったひもをつけることはできません
（上着《うわぎ》、ズボンの裾《すそ》など）
このほか、年齢《ねんれい》やひもの場所《ばしょ》に応《おう》じて決《き》められています

「その服《ふく》、『カワイイ』だけで選《えら》んでいませんか？」（発行《はっこう》：経済産業省《けいざいさんぎょうしょう》）より

パーカーの安全基準《あんぜんきじゅん》があるのはフードのひもだけなんだ。安全《あんぜん》な服《ふく》を作《つく》ってくれている会社《かいしゃ》や、売《う》っているお店《みせ》もたくさんあるのに、危険《きけん》な商品《しょうひん》も出回《でまわ》っているから、買《か》う方《ほう》は何《なに》が安全《あんぜん》か分《わ》かりにくいよね。

買《か》う時《とき》の注意《ちゅうい》

子《こ》ども服選《ふくえら》びの時《とき》、クマちゃんが言《い》ったことを思《おも》い出《だ》して。値段《ねだん》やデザインだけで決《き》めちゃって、大事《だいじ》な子《こ》どもたちが事故《じこ》にあったら悲《かな》しいもん。もし気《き》になったら、

子《こ》ども服《ふく》の「ひも・フード」簡易《かんい》チェック

チェック項目《こうもく》	ポイント
首周《くびまわ》りのひも ⇒窒息《ちっそく》のリスク	首周《くびまわ》りに垂《た》れ下《さ》がったひもやリボンが付《つ》いていませんか？
	首《くび》の後《うし》ろで結《むす》ぶリボンやひもが付《つ》いていませんか？
	肩《かた》で結《むす》ぶ（調整《ちょうせい》できる）長《なが》いひもが付《つ》いていませんか？
	0～2歳児《さいじ》の服《ふく》にフードや顔《かお》にかかる布《ぬの》が付《つ》いていませんか？ ※フード（ひもだけでなくフードも注意《ちゅうい》が必要《ひつよう》です）
＋ワンポイントアドバイス	フードは縫《ぬ》い付《つ》けではなく、本体《ほんたい》から外《はず》れるようなホック仕様《しよう》にして、公園《こうえん》などではフードのない服《ふく》を着《き》ましょう。
背中《せなか》のひも（背面《はいめん》） ⇒巻《ま》き込《こ》み･転倒《てんとう》などのリスク	ワンピースなどに、背中《せなか》（後《うし》ろ）で結《むす》ぶリボンが付《つ》いていませんか？
腰周《こしまわ》りのひも （股《また》より下《した》の範囲《はんい》も含《ふく》む） ⇒巻《ま》き込《こ》み･転倒《てんとう》などのリスク	ズボンやスカートのウエストに垂《た》れ下《さ》がった長《なが》いひもはありませんか？
	上着《うわぎ》やズボンの裾《すそ》に垂《た》れ下《さ》がったひもが付《つ》いていませんか？
腕《うで》のひも ⇒引《ひ》っかかるリスク	袖口《そでぐち》に垂《た》れ下《さ》がるひもや飾《かざ》り（リボンなど）が付《つ》いていませんか？
＋ワンポイントアドバイス	お下《さ》がりや、リサイクルにだす場合《ばあい》は危《あぶ》ないひもを外《はず》すなど、安全《あんぜん》に配慮《はいりょ》しましょう。

「子《こ》どもを事故《じこ》やケガから守《まも》るための子《こ》ども服《ふく》チェックポイント」（発行《はっこう》：公益社団法人《こうえきしゃだんほうじん》日本消費生活《にほんしょうひせいかつ》アドバイザー・コンサルタント・相談員協会《そうだんいんきょうかい》　標準化《ひょうじゅんか》を考《かんが》える会《かい》）より

お店《みせ》の人《ひと》に聞《き》いてみよう。

パパママも、フリマアプリで買《か》う時《とき》も売《う》る時《とき》も、安全《あんぜん》な服《ふく》かどうか確認《かくにん》してね。子《こ》ども服《ふく》を売《う》っているすべての会社《かいしゃ》が、子《こ》どもの安全《あんぜん》を考《かんが》えて売《う》ってほしいなぁ！

POINT

- ☑男《おとこ》の子《こ》の水着《みずぎ》のインナーのメッシュには要注意《ようちゅうい》！
- ☑パーカーなどのフードに付《つ》いているひもは、日本《にほん》の子《こ》ども服《ふく》の安全基準《あんぜんきじゅん》では13歳未満《さいみまん》には使《つか》っちゃいけないことになっているんだ。
- ☑そのほかにも子《こ》ども服《ふく》にひそむ危険《きけん》は色々《いろいろ》あるから、子《こ》ども服選《ふくえら》びの時《とき》には、値段《ねだん》やデザインだけでなく安全《あんぜん》な服《ふく》かどうかを確認《かくにん》するようにしよう。

コラム 3

「みんなやってる」で人《ひと》は動《うご》く!?

私《わたし》たちは、暮《く》らしの中《なか》で色々《いろいろ》なルールを守《まも》って生活《せいかつ》しています。ゴミをポイ捨《す》てしてはいけないとか、当《あ》たり前《まえ》すぎて気付《きづ》いていないものも含《ふく》めて、私《わたし》たちの周《まわ》りにはルールがあふれています。そして、そのルールがあるから安心《あんしん》して生活《せいかつ》を送《おく》ることができています。でも、自《じ》分《ぶん》はルールを100%守《まも》っているよ!という人《ひと》はどれくらいいるでしょう?

例《たと》えば、池《いけ》に「釣《つ》り禁止《きんし》!」と書《か》かれた看板《かんばん》があった時《とき》、私《わたし》たちはそれを見《み》て「ここでは釣《つ》りをしてはいけない」と分《わ》かります。でも、ほかの多《おお》くの人《ひと》たちがそこで釣《つ》りをしていたら?「みんなが釣《つ》りをしているんだから、自《じ》分《ぶん》も…」と思《おも》って、釣《つ》りをしてしまうかも。こんなふうに、私《わたし》たちは、決《き》められたルールとは別《べつ》に、周《まわ》りの人《ひと》たちの行動《こうどう》を見《み》て、自分《じぶん》がどう行動《こうどう》するのかを決《き》めています。

小《ちい》さな子《こ》どもだってそう。これまでの研究《けんきゅう》では、2歳《さい》の子《こ》どもでも、1人《ひとり》の友達《ともだち》がすることよりも、たくさんの友達《ともだち》がすることの方《ほう》をまね、3歳《さい》の子《こ》どもでも、好《す》きな食《た》べ物《もの》を選《えら》ぶ時《とき》に、ほんとはチョコレートやポテトチップスが好《す》きなのに、周《まわ》りの友達《ともだち》みんなが「にんじんが好《す》き!」「トマトが好《す》き!」と言《い》ったら、自分《じぶん》が好《す》きな食《た》べ物《もの》よりもにんじんやトマトを選《えら》んでしまうことが分《わ》かっています。幼《おさな》い時《とき》から、周《まわ》りの人《ひと》がしていることは、自分《じぶん》がどう行動《こうどう》するかを決《き》める、とても強《つよ》い手《て》がかりになっているんです。

実《じつ》は、たくさんの人《ひと》がしている行動《こうどう》をまねたり、自分《じぶん》の思《おも》いとは違《ちが》う選択《せんたく》をするのは、たくさんの人《ひと》がしている行動《こうどう》の方《ほう》が安心《あんしん》で、信頼《しんらい》できる情報《じょうほう》の可能性《かのうせい》が高《たか》いから。人間《にんげん》の進化《しんか》の過程《かてい》から見《み》ても、たくさんの人《ひと》がやっていることを選《えら》ぶ方《ほう》が、生《い》きていくために都合《つごう》が良《よ》かったんです。

ただ、安全《あんぜん》については話《はなし》は別《べつ》。小学生《しょうがくせい》の年代《ねんだい》で、自転車《じてんしゃ》ヘルメットをかぶらない理由《りゆう》を聞《き》いた時《とき》、「友達《ともだち》もかぶっていないから」と答《こた》える子《こ》や、なぜ危険《きけん》な行動《こうどう》をするのか聞《き》いた時《とき》、「友達《ともだち》がしているから」と答《こた》えたという研究結果《けんきゅうけっか》があります。大人《おとな》も子《こ》どもも、「みんなやってる」ことがいつも正《ただ》しいとは限《かぎ》りません。正《ただ》しいかどうか自《じ》分《ぶん》で判断《はんだん》して行動《こうどう》するようにしたいですね。

第3章

心の中の危険

「正常性《せいじょうせい》バイアス」を知《し》ろう

正常性《せいじょうせい》バイアスとは

すくすくと成長《せいちょう》している大切《たいせつ》な子《こ》どもや孫《まご》は、大《おお》きなケガや病気《びょうき》をせず大《おお》きくなってほしいものです。そんな時《とき》、「この子《こ》が事故《じこ》にあうかも」なんて考《かんが》えたくないですよね。考《かんが》え始《はじ》めると不安《ふあん》になり、いてもたってもいられなくなります。このような不快感《ふかいかん》を減《へ》らすために、人間《にんげん》には、認《みと》めたくない、受《う》け入《い》れたくない気持《きも》ちを、「うちの子《こ》（孫《まご》）は大丈夫《だいじょうぶ》」「今《いま》は大丈夫《だいじょうぶ》」などと、根拠《こんきょ》なく自動的《じどうてき》に変《か》えてしまいます。このように、自分《じぶん》にとって良《よ》いことは起《お》こりやすく、悪《わる》いことは無視《むし》したり、起《お》きないと考《かんが》えて安心《あんしん》しようとする心理《しんり》を「正常性《せいじょうせい》バイアス」と言《い》います。

他《ほか》には、災害《さいがい》の時《とき》など、「この状況《じょうきょう》は危険《きけん》かもしれない」という気持《きも》ちが頭《あたま》をかすめても「まあ大丈夫《だいじょうぶ》だろう」と避難《ひなん》をしなかったり、事故《じこ》が起《お》きる可能性《かのうせい》があるのに「これまで起《お》きたことがないから大丈夫《だいじょうぶ》」と考《かんが》えて対策《たいさく》をしないことも正常性《せいじょうせい》バイアスのはたらきです。

正常性《せいじょうせい》バイアスについての実験《じっけん》

私《わたし》たちの中《なか》にひそむ正常性《せいじょうせい》バイアスについて調査《ちょうさ》した実験《じっけん》があります。

ある実験《じっけん》に参加《さんか》してもらうと言《い》って、待合室《まちあいしつ》の中《なか》で3人《にん》に待《ま》ってもらいました。実際《じっさい》は、事前《じぜん》に伝《つた》えている実験《じっけん》はせず、待合室《まちあいしつ》に煙《けむり》（体《からだ》に害《がい》のない物《もの》ですが、火事《かじ》だと思《おも》わせるため秘密《ひみつ》にされています）を入《い》れ、3人《にん》の行動《こうどう》を観察《かんさつ》します。待合室《まちあいしつ》で以下《いか》の状況《じょうきょう》を組《く》み合《あ》わせて、「煙《けむり》に気《き》づく時間《じかん》」と「待合室《まちあいしつ》から出《で》る時間《じかん》」を調《しら》べました。

1 煙《けむり》が入《はい》ってくる速《はや》さが遅《おそ》い／速《はや》い

2 待合室《まちあいしつ》の中《なか》に3人《にん》だけいる／3人《にん》と2人《ふたり》のサクラがいる（サクラには先《さき》に説明《せつめい》して、煙《けむり》が入《はい》ってきても逃《に》げないようにと伝《つた》えています）

3 事前《じぜん》に危険《きけん》への注意喚起《ちゅういかんき》がある／ない

その結果《けっか》、避難《ひなん》が一番遅《いちばんおそ》かったのが、次《つぎ》の組《く》み合《あ》わせでした。

☑煙《けむり》が入《はい》ってくるのが遅《おそ》く
☑煙《けむり》に反応《はんのう》しないサクラがいて
☑危険《きけん》への注意喚起《ちゅういかんき》がない時《とき》

自分《じぶん》の周《まわ》りの様子《ようす》がすぐに変《か》わらない時《とき》、人《ひと》は危険《きけん》を感《かん》じにくく、大《たい》したことはないと考《かんが》えやすいということです。

また、煙《けむり》が入《はい》ってきても、サクラの２人《ふたり》が避難《ひなん》をしないと、他《ほか》の人《ひと》が部屋《へや》にいる時間《じかん》も長《なが》くなりました。これは、「周《まわ》りの人《ひと》たちが避難《ひなん》していないから、自分《じぶん》もしなくていい」と思《おも》いやすいということです。

おかしいと思《おも》ったら、思《おも》い切《き》って行動《こうどう》を

皆《みな》さんにも似《に》たような経験《けいけん》があるのではないでしょうか。おかしいなと思《おも》った時《とき》、周《まわ》りの人々《ひと》が平然《へいぜん》としていて、状況《じょうきょう》の変化《へんか》もあまりない時《とき》、１人《ひとり》だけ違《ちが》う行動《こうどう》をするのは気《き》が引《ひ》けますよね。でも、そんな時《とき》、人《ひと》には正常性《せいじょうせい》バイアスがあることを思《おも》い出《だ》して、思《おも》い切《き》って行動《こうどう》してください。そうすると、自分自身《じぶんじしん》が危険《きけん》を避《さ》けられるだけでなく、周《まわ》りの人々《ひとびと》が行動《こうどう》するきっかけにもなります。私《わたし》たち1人《ひとり》ひとりが進《すす》んで安全《あんぜん》に行動《こうどう》することで、バイアスが発生《はっせい》しやすい状況《じょうきょう》を無《な》くしていけます。結果的《けっかてき》に何《なに》も起《お》きなかったとしても恥《は》ずかしいことではなく「何《なに》もなくてラッキー！」と思《おも》えばいいんです。

そして、子《こ》どもは危険《きけん》を予知《よち》することが難《むずか》しいので、大人《おとな》が「これは危《あぶ》ないな」と思《おも》ったことを、しっかり子《こ》どもたちに伝《つた》えてください。「これは○○で危《あぶ》ないから、○○しようね」の一言《ひとこと》が、事故《じこ》を防《ふせ》ぐきっかけになるでしょう。

正常性《せいじょうせい》バイアスが、危険《きけん》に鈍感《どんかん》になる悪《わる》いものだと思《おも》う方《かた》もいるかもしれませんが、世《よ》の中《なか》のあらゆることに「あれも危険《きけん》、これも危険《きけん》」と考《かんが》え始《はじ》めると何《なに》もできなくなります。危険《きけん》を気《き》にしすぎて病《や》んでしまうことがないのも正常性《せいじょうせい》バイアスのおかげと言《い》えるでしょう。ただ、それに引《ひ》っぱられすぎは禁物《きんもつ》です。

こんな時《とき》に事故《じこ》は起《お》きやすい

〝大人《おとな》の目《め》が届《とど》くところ〟がいい

幼児《ようじ》のケガの多《おお》くは、家《いえ》の中《なか》で起《お》きています。つまり、保護者《ほごしゃ》が子《こ》どもを見守《みまも》り、家《いえ》の中《なか》の危険《きけん》の元《もと》を取《と》り除《のぞ》くことでケガを減《へ》らせます。

「見守《みまも》り」と言《い》っても、どれくらい注意《ちゅうい》しているか、どれくらい離《はな》れたところにいるかなどさまざまですが、目《め》の届《とど》く範囲《はんい》にいることでケガを予防《よぼう》したり、ケガをしても軽《かる》く済《す》む場合《ばあい》が多《おお》いです。逆《ぎゃく》に、子《こ》どもの動《うご》く音《おと》や声《こえ》だけをたよりにした注意《ちゅうい》（たとえば、子《こ》どもが遊《あそ》んでいる隣《となり》の部屋《へや》で家事《かじ》などをしている状況《じょうきょう》）では、そばにいたとしても十分《じゅうぶん》ではありません。

また、家庭《かてい》に子《こ》どもが多《おお》いと、注意《ちゅうい》が行《い》き届《とど》かずケガが増《ふ》えると言《い》われています。上《うえ》のきょうだいが下《した》の子《こ》のお世話《せわ》をしてくれることがあると思《おも》います。きょうだいの年齢差《ねんれいさ》にもよりますが、実《じつ》はこの状況《じょうきょう》、大人《おとな》による見守《みまも》りに比《くら》べてリスクが高《たか》いのです。死亡事故《しぼうじこ》になったケースもあります。「上《うえ》の子《こ》が見《み》てくれている」と安心《あんしん》せず、小《こ》まめに様子《ようす》を確認《かくにん》しましょう。

失敗《しっぱい》しやすい〝3H〟

人《ひと》が失敗《しっぱい》しやすい状況《じょうきょう》を表《あらわ》す言葉《ことば》に「3H」があります。

- ☑初《はじ》めて（初《はじ》めてやること）
- ☑変更《へんこう》（手順《てじゅん》や方法《ほうほう》が変更《へんこう》されたこと）
- ☑久《ひさ》しぶり（久《ひさ》しぶりにやること）

の頭文字《かしらもじ》からきていて、こうした作業《さぎょう》では失敗《しっぱい》しやすく、いつもより気《き》を付《つ》ける必要《ひつよう》があるとされています。子《こ》どもを24時間監視《じかんかんし》し続《つづ》けることは難《むずか》しいですが、この「3H」の時《とき》は、特《とく》にすぐそばで見守《みまも》るようにしましょう。

パパの〝子育《こそだ》て感《かん》〟

同《おな》じ親《おや》でも、パパとママでは子《こ》どもとの関《かか》わり方《かた》に違《ちが》いがあると言《い》われています。パパは、

- ☑ケガをしそうなチャレンジもOK！（特《とく》に息子《むすこ》に対《たい》して）
- ☑ケガは子《こ》どもを強《つよ》くする！ 発達《はったつ》には重要《じゅうよう》だ

と、ママよりも考《かんが》えていることが分《わ》かっています。ママの方《ほう》が慎重派《しんちょうは》なのです。

それは良《よ》いとしても、子《こ》どもと過《す》ごす時間《じかん》が少《すく》ないパパの場合《ばあい》、

- ☑自分《じぶん》の子《こ》どもがどれくらい〝危険《きけん》〟を知《し》っているか
- ☑体力《たいりょく》はどれくらいあるか
- ☑どんなことができるのか

などが十分《じゅうぶん》に分《わ》かっていないまま子育《こそだ》てをして、ケガにつながることもあります。

チャレンジは必要《ひつよう》ですが、子《こ》どもが持《も》つ危険《きけん》の知識《ちしき》や身体能力《しんたいのうりょく》を把握《はあく》して、その子《こ》に合《あ》ったチャレンジをさせてほしいと思《おも》います。

危険《きけん》を知《し》ることも大切《たいせつ》

経験《けいけん》不足《ぶそく》からも事故《じこ》は起《お》こる

この本《ほん》で出《で》てきた色々《いろいろ》な事故《じこ》の事例《じれい》を読《よ》んで、これまで何《なん》とも思《おも》っていなかったことが怖《こわ》くなった方《かた》もおられるかもしれません。しかし、矛盾《むじゅん》するかもしれませんが危険《きけん》も経験《けいけん》することが大切《たいせつ》です。

経験《けいけん》不足《ぶそく》から発生《はっせい》した事故《じこ》の例《れい》

小学校《しょうがっこう》3年生《ねんせい》のC君《くん》は登校中《とうこうちゅう》の道端《みちばた》でライターを拾《ひろ》った。今《いま》までライターを触《さわ》ったことがなかったのでおもしろくなり、教室《きょうしつ》の片隅《かたすみ》で机《つくえ》をあぶって遊《あそ》んでいたところ、着《ちゃっ》火《か》し、机《つくえ》が燃《も》え始《はじ》めた。教員《きょういん》がすぐに消火器《しょうかき》を持《も》ってきて火《ひ》を消《け》し、机《つくえ》の一部《いちぶ》が燃《も》えただけで済《す》んだ。

今《いま》、火災予防《かさいよぼう》のために火《ひ》が出《で》ない調理具《ちょうりぐ》や暖房器具《だんぼうきぐ》を使用《しよう》する家庭《かてい》も多《おお》いです。それ自体《じたい》は全《まった》く悪《わる》いことではないのですが、こうした時代《じだい》の流《なが》れから、幼《おさな》い子《こ》どもたちの中《なか》には、「火《ひ》を見《み》たことがない」子《こ》どもが出《で》てくるようになりました。火《ひ》は生活《せいかつ》に欠《か》かせないものですが、使《つか》い方《かた》によっては自分《じぶん》も人《ひと》も傷《きず》つけ、火事《かじ》になる危険《きけん》もある、という両面《りょうめん》を大人《おとな》が意識《いしき》して教《おし》えなければ、突然《とつぜん》火《ひ》を得《え》て過激《かげき》な遊《あそ》びに発展《はってん》することもあります。他《ほか》にも、小学生《しょうがくせい》の火遊《ひあそ》びが原因《げんいん》で2階建《かいだ》てのアパートが全焼《ぜんしょう》した事件《じけん》もあります。

どうやって経験《けいけん》させる?

大《おお》きな事故《じこ》を防《ふせ》ぐことも目的《もくてき》のひとつとして、お休《やす》みの時《とき》に、バーベキューや花火《はなび》を子《こ》どもと一緒《いっしょ》にやってみてはどうでしょうか。火《ひ》を正《ただ》しく使《つか》えると災害《さいがい》の時《とき》などにも役立《やくだ》つので、万《まん》が一《いち》に備《そな》え、火《ひ》の正《ただ》しい取《と》り扱《あつか》い方《かた》やおこし方《かた》を知《し》っておくと良《よ》いでしょう。

また、先《さき》の例《れい》ではライターでしたが、親《おや》が料理《りょうり》する姿《すがた》を見《み》ている子《こ》どもは、包丁《ほうちょう》にも興味《きょうみ》津々《しんしん》です。3〜4歳頃《さいごろ》になると「自分《じぶん》も使《つか》ってみたい」「お手伝《てつだ》いしたい」と言《い》うかもしれませんが、子《こ》どもに「刃物《はもの》は危《あぶ》ない」という認識《にんしき》がない場合《ばあい》もあります。「まだ早《はや》い」と遠《とお》ざける親《おや》も多《おお》いでしょうが、刃《は》のない包丁《ほうちょう》（持《も》ち方《かた》の練習《れんしゅう》が出来《でき》るタイプ）、刃《は》を指《ゆび》で触《さわ》っただけでは切《き》れないギザギザの包丁《ほうちょう》（柔《やわ》らかいものを、ステーキナイフのように引《ひ》いて切《き》るタイプ）、刃渡《はわた》りが短《みじか》い包丁《ほうちょう》など、子《こ》どもに向《む》けた包丁《ほうちょう》もありますので、正《ただ》しい使《つか》い方《かた》を教《おし》えるのも良《よ》いかもしれません。子《こ》ども用《よう》といっても刃物《はもの》であることに変《か》わりはないので、大人《おとな》がそばについて、危険《きけん》な持《も》ち方《かた》をしていないかチェックすることは重要《じゅうよう》です。

ただ、隣《となり》でチェックしていたとしても、誤《あやま》って少《すこ》し手《て》を切《き》ってしまうことはあるかもしれません。親《おや》からすると、できればケガはしてほしくないですが、ケガから学《まな》ぶこともあります。次《つぎ》から同《おな》じ失敗《しっぱい》をしないよう、自分《じぶん》なりの工夫《くふう》をするでしょう。

危険《きけん》との上手《じょうず》な付《つ》き合《あ》い方《かた》を学《まな》ぶことも大切《たいせつ》

子《こ》どもの周辺《しゅうへん》から危険《きけん》をできる限《かぎ》り排除《はいじょ》し、事故《じこ》・負傷《ふしょう》を予防《よぼう》するという考《かんが》え方《かた》は一理《いちり》ありますが、その一方で... ます。ただ、やがて子《こ》どもは親《おや》から離《はな》れ、いずれは自力《じりき》で危険《きけん》や困難《こんなん》を乗《の》り越《こ》えなければならない時《とき》がきます。子《こ》どもが小《ちい》さいうちは、大人《おとな》の管理下《かんりか》で重篤《じゅうとく》な事故《じこ》にならないように危険《きけん》を体験《たいけん》させると、多少《たしょう》のケガをするかもしれませんが、子《こ》どもの経験値《けいけんち》は高《たか》まります。危険《きけん》との上手《じょうず》な付《つ》き合《あ》い方《かた》を学《まな》ぶことで大《おお》きな事故《じこ》・負傷《ふしょう》を予防《よぼう》するという視点《してん》も大事《だいじ》ではないでしょうか。

子《こ》育《そだ》ての常識《じょうしき》は年々《ねんねん》変化《へんか》、情報共有《じょうほうきょうゆう》を!!

子育《こそだ》て感覚《かんかく》の世代差《せだいさ》

核家族化《かくかぞくか》が進《すす》み、今《いま》や共働《ともばたら》き家庭《かてい》が大半《たいはん》の社会《しゃかい》になりました。家庭環境《かていかんきょう》も多様化《たようか》していま す。学校《がっこう》や保育園《ほいくえん》や幼稚園《ようちえん》、こども園以外《えんいがい》にも、シッターさん、ファミリーサポート会員《かいいん》さんなど、身内以外《みうちいがい》にも子《こ》どもを預《あず》ける機会《きかい》も増《ふ》えていると思《おも》います。

ですが、それぞれの場《ば》で環境《かんきょう》が異《こと》なり、パパママが当然《とうぜん》と思《おも》っていることも、預《あず》け先《さき》にとってはそうではなかったり、年配《ねんぱい》の方《かた》の場合《ばあい》は、過去《かこ》の子育《こそだ》て感覚《かんかく》のまま、子《こ》どもの世話《せわ》をすることもあります。

おじいちゃんおばあちゃんから、「チャイルドシートがなくても抱《だ》っこしておくから大丈夫《だいじょうぶ》」とか「昔《むかし》はライフジャケットなんかなかった。着《き》るとかえって泳《およ》げなくなるんじゃないか」などと言《い》われたことはありませんか? しかし、次《つぎ》のページのグラフ1のように、おじいちゃんおばあちゃんが子育《こそだ》てをしていた頃《ころ》（パパママが子《こ》どもだった頃《ころ》）は子《こ》どもの数《かず》も多《おお》かったのですが、同時《どうじ》に、グラフ2のように、不慮《ふりょ》の事故《じこ》で亡《な》くなる子《こ》どももとても多《おお》かったのです。

グラフ1　日本《にほん》の子《こ》どもの数《かず》（0歳《さい》から14歳《さい》）の推移《すいい》

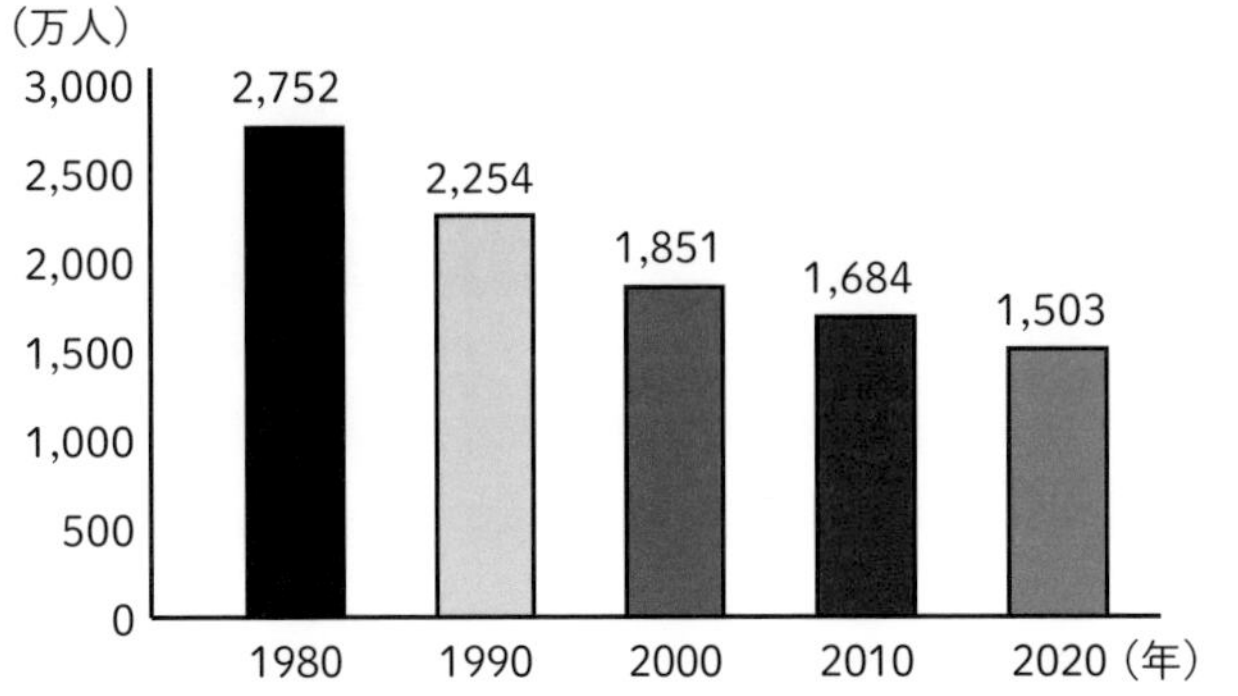
（万人）
3,000
2,500
2,000
1,500
1,000
500
0
2,752
2,254
1,851
1,684
1,503
1980
1990
2000
2010
2020（年）

総務省統計局《そうむしょうとうけいきょく》 人口推計《じんこうすいけい》 年齢《ねんれい》（5歳階級及《さいかいきゅうおよ》び3区分《くぶん》）、男女別人口《だんじょべつじんこう》（各年《かくねん》10月1日現在《がつついたちげんざい》）よりグラフ化《か》

グラフ2　子《こ》どもの「不慮《ふりょ》の事故《じこ》（交通事故《こうつうじこ》・自然災害《しぜんさいがい》を除《のぞ》く）」による死亡数《しぼうすう》の推移《すいい》

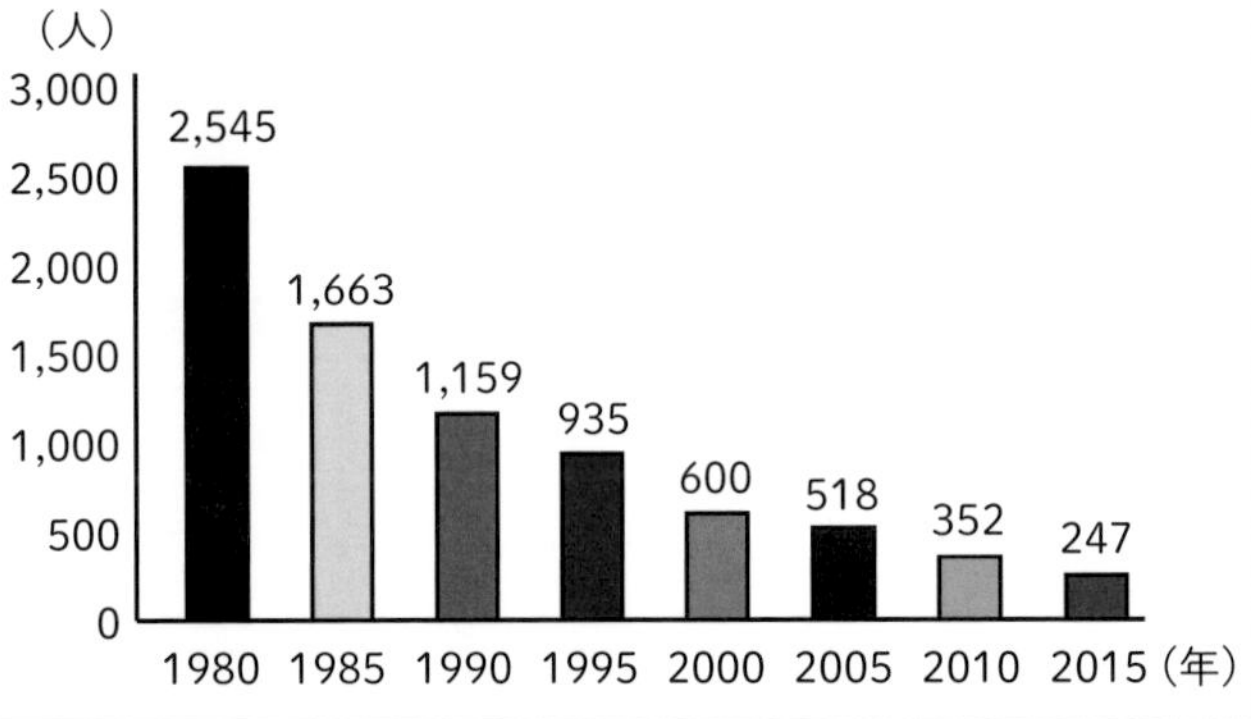
（人）
3,000
2,500
2,000
1,500
1,000
500
0
2,545
1,663
1,159
935
600
518
352
247
1980
1985
1990
1995
2000
2005
2010
2015（年）

消費者庁《しょうひしゃちょう》 平成《へいせい》30年版消費者白書第《ねんばんしょうひしゃはくしょだい》1部第《ぶだい》2章《しょう》より

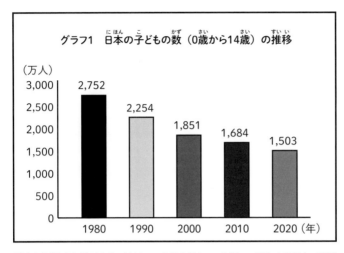

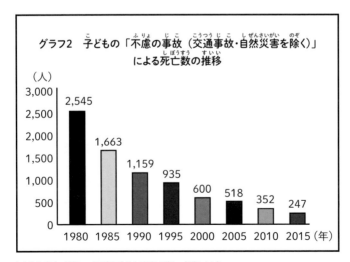

今《いま》の子育《こそだ》てに、昔《むかし》の経験《けいけん》を頼《たよ》りに「○○は不要《ふよう》だ／必要《ひつよう》だ」「○○しなくてもいい／した方《ほう》がいい」と言《い》う方《かた》は、自分《じぶん》たちが今日《きょう》まで危《あぶ》ない経験《けいけん》をせずに生《い》きてこられたのでそう言《い》っているだけかもしれません（これを「生存者《せいぞんしゃ》バイアス」と言《い》います）。

例《たと》えば、自転車事故《じてんしゃじこ》で命《いのち》を落《お》とした方《かた》は、ヘルメットは必要《ひつよう》だ！と言《い》いたくても言《い》うことができません。周囲《しゅうい》の意見《いけん》に揺《ゆ》らがず、パパママが必要《ひつよう》だと思《おも》った安全対策《あんぜんたいさく》はしておくべきです。

年々変化《ねんねんへんか》している子育《こそだ》て情報《じょうほう》

他《ほか》にも、昔《むかし》と今《いま》で違《ちが》うものに、次《つぎ》にあげる例《れい》などがあります。

× 赤《あか》ちゃんがうつぶせ寝《ね》になっても、自然《しぜん》に任《まか》せていればいい

○ 1歳《さい》になるまではあおむけに寝《ね》かせ、突然死《とつぜんし》や窒息《ちっそく》を防《ふせ》ぐ

× はちみつは自然《しぜん》のものなので離乳食《りにゅうしょく》に使《つか》える

○ 乳児《にゅうじ》ボツリヌス症《しょう》にかかる危険《きけん》があるため1歳《さい》までの乳児《にゅうじ》には与《あた》えない

また、例《たと》えば、98〜103ページでも触《ふ》れた、節分《せつぶん》の豆《まめ》まきなどに使《つか》う豆《まめ》やナッツ類《るい》を「5歳以下《さいいか》には食《た》べさせない」と消費者庁《しょうひしゃちょう》から通達《つうたつ》が出《で》たのは2021年《ねん》1月《がつ》、112〜117ページの水着《みずぎ》のメッシュ素材《そざい》への注意喚起《ちゅういかんき》は2021年《ねん》7月《がつ》に発信《はっしん》されました。

このように、子育《こそだ》ての情報《じょうほう》は数年《すうねん》でも変化《へんか》します。こうした注意喚起《ちゅういかんき》は、特《とく》に関連《かんれん》する事故《じこ》が起《お》こった場合発信《ばあいはっしん》され、一時的《いちじてき》にメディアで取《と》り上《あ》げられますが、しばらくすると報道《ほうどう》されなくなります。子《こ》どもの命《いのち》・健康《けんこう》に関《かか》わる情報《じょうほう》は子《こ》どもに関《かか》わる全《すべ》ての方《かた》に知《し》っていただき、伝《つた》え続《つづ》けてほしいのですが、子育《こそだ》ては当事者《とうじしゃ》が年々入《ねんねんい》れ替《か》わるので、情報《じょうほう》が後《のち》の人《ひと》に伝《つた》わりづらく、忘《わす》れたころにまた同《おな》じような事故《じこ》が起《お》こっています。

言《い》いづらい時《とき》もあるかもしれませんが、この本《ほん》で新《あたら》しく知《し》った情報《じょうほう》や、注意《ちゅうい》して防《ふせ》げるヒヤリハット体験《たいけん》があれば、周《まわ》りの方々《かたがた》に伝《つた》えてほしいと思《おも》っています。

おわりに

――「やらなかった後悔《こうかい》」はしたくない――

ここまで、子《こ》どもの特性《とくせい》、家庭内《かていない》や外《そと》での事故《じこ》につながる原因《げんいん》や対策《たいさく》について紹介《しょうかい》してきました。紹介《しょうかい》した事例《じれい》は、実際《じっさい》に起《お》こった事故《じこ》や、細部《さいぶ》を少《すこ》し変《か》えたものです。この本《ほん》を読《よ》めば100%事故《じこ》を防《ふせ》げるというわけではありませんが、初《はじ》めて知《し》ったということがあればとても嬉《うれ》しいです。

かつて、日本《にほん》では水《みず》と安全《あんぜん》はタダだと思《おも》っている人《ひと》が多《おお》い――イザヤ・ベンダサン（山本七平《やまもとしちへい》）氏《し》の著書《ちょしょ》『日本人《にほんじん》とユダヤ人《じん》』より――と言《い》われてきましたが、今《いま》はそうとは言《い》えません。日常生活《にちじょうせいかつ》でほとんど「安全《あんぜん》」について意識《いしき》することはないかもしれませんが、この本《ほん》がきっかけで、身《み》の周《まわ》りのさまざまな危険《きけん》に目《め》を向《む》けていただければ幸《さいわ》いです。もしかすると、あれもこれも怖《こわ》いと急《きゅう》に不安《ふあん》に感《かん》じ始《はじ》めるかもしれませんが、まずは「自分《じぶん》／我《わ》が家《や》は大丈夫《だいじょうぶ》かな?」と考《かんが》えることが、事故防止《じこぼうし》の第一歩《だいいっぽ》だと思《おも》います。

私《わたし》たちは命《いのち》に関《かか》わる重大《じゅうだい》な事故《じこ》は、社会全体《しゃかいぜんたい》でなくしていくべきだと思《おも》っています。ご自身《じしん》のお子《こ》さんやお孫《まご》さんはもちろん、よそのお子《こ》さんでも、大《おお》ケガにつながる行動《こうどう》には、注意《ちゅうい》や声《こえ》かけをしていただきたいと思《おも》います。

そうは言《い》っても、「よその子《こ》を叱《しか》ったら、保護者《ほごしゃ》から逆恨《さかうら》みされるんじゃないか」「不審者《ふしんしゃ》と思《おも》われるんじゃないか」などと思《おも》って声《こえ》をかけられないという悩《なや》みもよく聞《き》きます。そんな時《とき》、次《つぎ》の「後悔《こうかい》」に関《かん》する研究《けんきゅう》を参考《さんこう》にしてください。

後悔《こうかい》には、「やった後悔《こうかい》(ああ、やってしまった!)」と「やらなかった後悔《こうかい》(〇〇しておけばよかった!)」があります。

これについて、先週起《せんしゅうお》きたことなど、近《ちか》い期間《きかん》のことは「やった後悔《こうかい》」と「やらなかった後悔《こうかい》」は同《おな》じくらいの大《おお》きさなのですが、人生《じんせい》を振《ふ》り返《かえ》るくらい長《なが》い期間《きかん》が経《た》つと、「やらなかった後悔《こうかい》」の方《ほう》が大《おお》きくなります(「あの時《とき》〇〇しておけば…」という大人《おとな》はたくさんいますよね)。特《とく》に、「やらなかった」ことで取《と》り返《かえ》しの付《つ》かない結果《けっか》になった場合《ばあい》、時間《じかん》が経《た》てば経《た》つほど、後悔《こうかい》が大《おお》きくなります。

例《たと》えば、危険《きけん》なことをしているよその子《こ》を注意《ちゅうい》して、保護者《ほごしゃ》に文句《もんく》を言《い》われたら、その時《とき》は「言《い》わなければ良《よ》かった」と思《おも》うかもしれません。でも、もし、見《み》て見《み》ぬふりをして、その子《こ》が亡《な》くなってしまったら「あの時注意《ときちゅうい》しておけばよかった」と、後悔《こうかい》はずっと大《おお》きく、消《き》えません。おせっかいと思《おも》われても、大《おお》きな事故《じこ》になる前《まえ》に注意《ちゅうい》してほしいと思《おも》います。

皆《みな》さまの知識《ちしき》と行動《こうどう》が社会《しゃかい》に広《ひろ》まって、子《こ》どもの事故《じこ》が1件《けん》でも減《へ》らせるように願《ねが》っています。

大阪大学大学院《おおさかだいがくだいがくいん》 人間科学研究科《にんげんかがくけんきゅうか》 准教授《じゅんきょうじゅ》
未来共創《みらいきょうそう》センター 子《こ》どもの安全《あんぜん》ラボ 代表《だいひょう》 中井《なかい》 宏《ひろし》

LA
BAMBINO

ご支援、ありがとうございました！

クラウドファンディング・その他ご寄附者ご芳名

▼クラウドファンディング
「子育て世代が知っておくべき、日常に潜む危険を伝えたい」　2020年5月11日〜2020年6月30日
▼ご寄附　2020年5月11日〜2024年3月31日

※1　法人・団体名の記載のある方は個人のご寄附の場合も法人・団体として記載させていただいております。
※2　ご寄附時の法人・団体名を掲載させていただいております。

法人・団体様（敬称略）

NACS東日本支部 標準化を考える会　山地理恵
一般社団法人RISK WATCH
株式会社Social Design
有限会社あさひ保険
オリオン株式会社
株式会社企業開発センター
きずな保育園
一般社団法人 広報島
子育て支援団体マザープレイス代表　ますだかよ
子どもの安全研究グループ　瀬戸馨
こどもミュージアムプロジェクト協会
NPO自転車活用推進研究会　藤本典昭
株式会社ジュピター
視覚障害者対話サロン「すずらん」

一般社団法人生産技術振興協会
株式会社ダイワホーサン
社会福祉法人聖心会 第2聖心保育園　永田久史
紡ぎの会 代表　加山圭子
なのはなこども園
公益社団法人奈良県トラック協会
株式会社日本オペレーター協会
ファザーリング・ジャパン関西 理事長　篠田厚志
社会福祉法人誠会 末次保育園
水の事故から子どもを守ろうプロジェクト
株式会社未来区
株式会社ムジコ・クリエイト　新戸部洋輔
株式会社山城自動車教習所
学校法人柳心学園

個人様（敬称略）

C.U
Kaz, Mina and Tyga Fujihara
sai
秋田光彦
秋保亮太
浅山貴宏
安達悠子
家垣吉孝
井汲共壮
石垣卓雄
石川能行
石川博子
石橋日南子
一宮敬弘
伊藤禎基
乾とし子
岩川優子
岩下美智子
岩田小夜
岩田猛

浦野克紀
卜部眞規子
江口佐麻里
榎田三隆
大島一晃
太田由紀枝
大塚静男
大西竹弥
大西正二
大橋徹也
大林満佐子
大原律子
大渕初音
大曲彼方
岡謙治
岡仁司
岡耕平
岡田祐一
岡田百合香
荻田雅彦

沖田都
荻野寛太
長田香
落合稔
尾林善正
柿原光宏
片桐華苗
片山茂
勝崎幸夫
加藤浩介
加藤昇
加藤マリ子
金子幸広
加納友環
上村悦子
川嶋大介
河瀬諭
川端太津子
河原田喜義
北川陽子

北脇かよ子
木村ちひろ
木本保平
栗原麻子
桑田淳史
小池純子
小嶋理江
斎藤理生
阪本圭
坂本崇
阪本美津江
鷺山昌多
佐藤尚文
嶋谷泰典
清水寿一
須和憲和
住山民雄
清家真幸
仙頭真希子
太子のぞみ

個人様（敬称略）

高橋佳代子
髙橋ギャオ武良
高橋恵子
竹内義隆
武市尚大
竹中愛美子
田中亜紀
田村啓
多本ゆき枝
津賀一宏
都築昌二
寺井克美
寺岡新司
寺田春郎
寺田有美子
冨本直樹
内藤信至
中川典哉

中澤一志
中長摩利子
中野純希
中野知佳
中林芳雄
中村京子
中村徳子
中村真一郎
中村麻貴
中本勝也
中本史
中山誠
並木琢
西川佳宏
西木ひとみ
西銘司
八田享子
花岡宏亮

花田勇
はにーしっぽ
濱田格雄
平谷里紗
藤井明子
藤原洋二
藤原卓
松田徹
松本友一郎
松本文子
圓尾英雄
溝上要
南昇
宮﨑一
宮崎雄策
宮部義幸
村上健太
村山綾

森将也
森岡健司
矢口真由
矢野下拓弥
山田一憲
山田雅代
山本泰右
山本利映
與口修
與倉緑
吉田富士江
余村朋樹
蓮花一己
渡邊崇

※その他、ご芳名の掲載を希望されなかった企業・団体様、個人様も多数おられます。